거절하지 못하면
원하는 삶을
살 수 없다

STOP PEOPLE PLEASING:
Be Assertive, Stop Caring What Others Think, Beat Your Guilt, & Stop Being a Pushover

Copyright © 2018 by Patrick King
Korean translation rights arranged with PKCS Mind Inc. through TLL Literary Agency and BC Agency

All rights reserved.
No part of this publication may be used or reproduced in any form or by any means without written permission except in the case of brief quotations embodied in critical articles or reviews.
Korean Translation Copyright © 2025 by WHALEBOOKS

이 책의 한국어판 저작권은 BC에이전시를 통해
저작권자와 독점계약한 웨일북에 있습니다.

저작권법에 의해 보호를 받는 저작물이므로 무단 전재와 복제를 금합니다.

거절하지 못하면 원하는 삶을 살 수 없다

친절 강박자
피플 플리저를 위한
마음의 기술

패트릭 킹 지음 | 진정성 옮김

whale books

남의 부탁을 거절하지 못하는 삶은
내가 아니라 남을 위해 사는 삶이다.

내가 지금 바꿀 수 있고,
바꿔야만 하는 것은
오로지 내가 남을 대하는 방식이다.

거절하는 법을 배우면
내 삶과 시간에 대한 통제권을 찾게 된다.

이제는 하기 싫었지만 했던 일들에서
벗어나 나를 존중하는 삶을 배워라.

_패트릭 킹 Patrick King

차례

1장
피플 플리저의 탄생
: 인정과 칭찬에 목매는 사람들
9

2장
피플 플리저의 메커니즘
: 나는 왜 타인에게 잘 보이고 싶은가
41

3장
사고방식의 재구성
: 남의 기분을 맞춰야 한다는 착각
65

4장
습관 바꾸기
: 나를 먼저 존중하는 법

109

5장
선을 긋자
: 타인과의 적정한 거리 두는 연습

141

6장
거절의 기술
: 쉬워 보이지 않는 사람의 비밀

179

총정리

202

1장 | 피플 플리저의 탄생

: 인정과 칭찬에
　목매는 사람들

IT 대기업에서 일하는 한 친구가 있었다. 뮤리엘은 어느 회사에서나 항상 필요한 직급인 중간 관리자로 일하고 있었다. 그는 부서 전체의 짐을 자주 도맡는 헌신적인 사람으로 평판이 좋았다. 윗선에서 안겨주는 업무는 뭐든 덥석덥석 받았다. 달리 일할 사람이 있어도 마찬가지였다. 심지어 다른 부서의 관리자들이 들이미는 일도 종종 받아서 해냈다.
　"그냥 짐 조금 나눠서 지는 셈 치고 도와주는 거지 뭐."
　뮤리엘은 일을 초과 달성하는 버릇이 있었다. 주변 사람의 요구를 모두 들어주려고 애썼고, 동료들이 기피하는 발표도 대신 해주었다. 일주일에 적어도 이틀은 야근했다. 한 달에 두 번은 점심시간에 샌드위치를 사서 부서 전체에 돌리기도 했지만, 샌드위치값을 받는 경우는 거의 없었다.

뮤리엘은 조직에 필요 불가결한 사람이 되어야 한다고 믿었다. 실직을 극도로 두려워했던 그에게는 중요한 문제였다. 약 2년 동안 무직 신세였던 뮤리엘은 이젠 어디에서도 자신을 다시 고용해 주지 않을 거라고 생각했다. 그래서 눈에 띨 만큼 열심히 일하면 회사 사람들이 그가 조직에 없어서는 안 될 인재로 인정할 것이라고 믿었다.

그런데 뮤리엘의 강박은 무의식적 '복종'으로 바뀌고 말았다. 주변 모든 사람을 만족시키려고 애쓸 뿐만 아니라 조금이라도 문제를 만들까 봐 나서지 않았고, 남들의 부탁이면 거절하지 않고 해냈다.

마케팅 부서 소속이었던 뮤리엘의 업무는 회사 제품이 돋보이게끔 제품 포장 디자인을 제안하고 실행에 옮기는 것이었다. 대학에서 그래픽디자인을 전공한 그는 '소소익선'의 원칙을 굳게 믿었다. 즉 제품 디자인에 불필요한 정보를 넣어 조잡해 보이거나, 이미지를 많이 집어넣어 촌스러워 보이면 안 된다는 것이었다. 시장 유행도, 판매 실적도 그의 생각대로 보여 주었다.

안타깝게도 윗선에서는 그런 요소를 좋아했다. 고객들이 모든 정보 토씨 하나까지 상품 포장에 적히길 원할 거라고 믿었던 것이다. 뮤리엘은 그 생각에 반대하는 목소리를 내고 싶었지만 그러지 않았다. 윗선에 반하는 행동을 한다면 불이익을 받거나 해고를 당할지 모른다고 믿었기 때문이다. 그래서 디자인 회의에서는 그저 고개를 끄덕이며 신제품 포장에 따분한 이미지, 잘 보이지도 않는 상세한 정보, 회사나 제품과는 무관한 촌스러운 토끼 마스코트를 가득 채워 넣겠다는 결정을 조용히 지지했다.

제품은 실패로 돌아갔다. 비단 포장 때문에 실패한 것은 아니었지만, 아무래도 상관없었다. 뮤리엘은 모두를 만족시키고자 온갖 노력을 쏟았으니 직장을 다니기에 충분할 만큼 열심히 일했다고 생각했다.

두 달 뒤 정리해고가 시작되자 뮤리엘은 해고 명단 일순위에 올랐다. 그는 충격에 휩싸였다. 모든 것을 제대로 해냈을 뿐만 아니라 자신은 회사에 없어서는 안 될 인재라고 믿어 의심치 않았기 때문이다. 해고 이유를 묻자 인사과에서는 회사에 기여하는, 꼭 필요한 직원으로 충분히 존재감을 드러내지 않았다고 했다.

"회사 발전에 도움이 될 아이디어가 없고, 그저 부서 분위기를 유지하는 데 만족하신 것 같더군요."

뮤리엘은 패닉에 빠질 수밖에 없었다. 눈앞에 벌어진 사태는 그의 생각과는 정반대였다. 몸을 낮추고 열심히 일하면 제대로 된 보상을 받으리라던 믿음이 빗나갔다. 함께 일하는 모두가 만족했으면 하는 마음에서 그랬을 뿐인데, 그것 때문에 이런 대우를 받게 된 것이었다.

뮤리엘이 해고당한 이유는 무엇이었을까? 그는 남들의 기분을 맞추고 인정받는 것을 우선시했다. 자신이 맡은 직무를 하기보다 상대의 말에 반대하지 않는 데 급급했다. 돌이켜 보면 해고는 당연지사였다.

한 마디로 뮤리엘은 피플 플리저people pleaser였다. 그가 겪은 일은 남에게 좋은 사람으로 인정받기 위해 애쓰는 행위가 얼마나 자멸적인 행동인지 보여주는 극명한 사례다.

◇ '피플 플리저'란
  무엇인가

당연한 말이지만 친절과 관대함은 좋은 기질이다. 소통과 협동에 도움이 되고, 사람들이 서로 어울리는 데도 필요하다.

극히 특수한 상황을 제외하면 이기심과 적대감보다는 친근한 모습을 보여주는 편이 훨씬 낫다. 이런 성향을 어린 시절부터 아이들의 마음속에 심어주려는 데는 타당한 이유가 있다. 하지만 사람들을 기쁘게 하려는 행동을 친절과 관대함으로 착각하지는 말아야 한다. 겉으로는 똑같아 보이더라도 친절한 사람과 피플 플리저를 움직이는 내적 동기는 전혀 다르다.

뮤리엘의 사례에서 알 수 있듯 피플 플리저는 '지나치게' 친절하다. 피플 플리저가 친절을 베푸는 것은 옳은 일을 하고 주변 사람의 삶을 풍요롭게 만들기 위해서가 아니다. 세상을 더 나은 곳으로 만들고 싶다는 순수한 마음이 아니라 불안, 두려움, 부끄러움에서 비롯한다.

피플 플리저는 상대에게 배척당할까 봐 늘 불안해한다. 사람이라면 누구나 그렇듯 피플 플리저도 남들과 어울리며 자신의 가치를 인정받고픈 욕구, 즉 사랑받고 싶은 욕구가 있다. 하지만 마음속에서는 이 욕구가 너무나 확대되어 남의 인정과 애정을 놓치지 않으려고 물불을 가리지 않는 지경에 이른다. 긍정적인 가능성을 만들어내기보다 부정적인 결과를 피하는 것이 더 큰 동기가 되는 것이다.

게다가 언제든 배척당할 수 있다고 느끼기에 일종의 패닉에 놓인다. 순수한 관심과 친절한 마음은 긍정적인 요소지만 피플 플리저가 하는 행위는 방어적인 행동이다.

동시에 피플 플리저는 극도로 인정을 추구한다. 인정은 '거부당하지 않는다'는 표시기 때문이다. 그래서 공치사 한마디를 들으려고 온갖 고생을 마다하지 않는다. 그러다 보면 남의 인정을 받기 위해 항상 상대에게 맞춰야 한다고 믿는 사람이 된다. 피플 플리저가 느끼는 구체적인 충동 몇 가지를 살펴보자. 나에게는 몇 개나 해당될까?

어떤 상황에서나 밝다

어떤 일에도 절대 불평을 늘어놓지 않는다. 겉으로는 부정적인 감정을 드러내지 않고, 잠잘 때 빼고는 항상 미소짓거나 웃고 있다. 적어도 남들이 볼 때는 그렇다는 이야기다. 피플 플리저는 그래야 주변 사람의 기분이 좋아진다고 믿지만, 사실 지나치게 밝은 행동은 남들을 불편하게 한다.

피플 플리저의 속내는 생각보다 훤히 들여다보이고, 사람들은 표정 관리에 바쁜 누군가가 곁에 있으면 정이 안 가고 불편하다. 아무리 좋게 봐도 솔직하지 못한 인상을 주고, 최악의 상황에는 상대를 속이려 드는 것처럼 보일 수 있다.

자신의 생각, 신념, 욕구를 절대 표출하지 않는다

피플 플리저에게 중요한 건 모든 주변 사람이다. 밖에서 다른 사람과 만날 때면 뭘 할지, 어딜 갈지 절대 먼저 말하지 않는다. 따분한 시간을 보내면서도, 상황이 마음에 들지 않으면서도 내색하지 않는다. 절대 불만이나 불행의 원인이 되고 싶지 않기 때문이다. 배척당할 위험을 무릅쓰느니 그냥 주변 사람이 드러내는 전반적인 감정에 동의한다. 그리고 아무래도 괜찮다고 생각한다(하지만 실은 그렇지 않을 수 있다). 시간이 흐를수록 불만이 조금씩 쌓여, 피플 플리저는 터지기 직전의 화산 같은 마음 상태가 된다.

'모두'를 위해 '모든 일'을 하겠다고 나선다

습관처럼 친구들에게 "별이라도 따다 주겠다"라며 나선다. 하기 싫어도, 그리고 결국 하지 않더라도 말이다. 친구들이 싫어하는 일이나 기뻐할 성싶은 일을 해주고 "너무 고마워, 네가 최고야!"라는 말을 듣겠다고 마음먹는다.

그러나 딱히 이런 일을 실제로 할 계획을 세우지는 않는다. 그저 일시적인 인정을 받고 친구들의 비위를 맞추겠다는 생각에 빈말을 하는 것이다. 피플 플리저가 계속 빈말을 늘어놓고 행동으로 옮기지 않으면 주변 사람은 화가 날 뿐이다. 진심이 아니어도 사람들이 듣고 싶어 하는 말을 늘어놓는다는 사실이 빤히 보이기 때문이다.

아무것도 요구하지 않는다

자신의 욕구는 전혀 중요하지 않은 척한다. 누구에게도, 그 무엇도 요구하는 법이 없다. 설사 그것이 필요하더라도 말이다. 이기적이지 않은 사람처럼 보이고 싶은 것이다. 피플 플리저는 용기를 그러모아 무언가를 요구할 때조차도 상대에게 수만 가지의 선택지와 거절할 평계를 준다. 털끝만큼이라도 상대의 불편이나 짜증을 유발할 확률을 낮추려는 것이다. 피플 플리저는 헌신적인 모습을 과시하는 동시에, 자신의 니즈는 제대로 충족되지 않고 무시당한다며 푸념한다.

피플 플리저가 이처럼 솔직하지 못하고 수동공격적인 행동을 하도록 이끄는 동기는 무엇일까?

앞서 말했듯, 피플 플리저는 거절에 대한 뿌리 깊고 날카로운 두려움에 따라 움직인다. 남들에게 퇴짜를 맞거나 버림받는 것이 두렵고, 선의보다는 그 두려움이 상대를 기쁘게 하려는 행동에 훨씬 더 큰 역할을 한다. 내주고, 내주고, 또 내주면 거부당하거나 버림받을 확률이 낮아진다고 믿는다. 상대의 삶이 더 나아지도록 하는 이타적인 행동을 하는 것이 아니다. 그저 '자신의 모습에 안심하고 싶을 뿐'이다.

물론 모든 피플 플리저가 내심 자신의 욕구만을 좇는 것은 아니다. 진정으로 사려 깊고 친절하며 가족과 친구들의 행복을 신경 쓸 수도 있다. 다만 모두를 기쁘게 하고픈 동기의 정체를 모를 뿐이다. 그리고 이렇게 애썼는데도 왜 짜증 나고 슬픈지 이유를 몰라 혼란스러워한다.

아래 정리한 성향, 감정, 신념을 잘 읽어보자. 불편할 만큼 내 이야기처럼 느껴지는 부분이 있다면 당신도 피플 플리저일지 모른다.

- 거절하지 못한다.
- 입으로는 승낙하지만 속으로는 거절하고 싶다.
- 어떤 일을 하겠다고 수락해 놓고 부탁한 사람에게 화가 나거나 혼자 부글부글 끓는다.
- 내 고생을 당연시하는 가족과 친구들이 너무 많다고 불평한다.
- 애정 표현이 상호적으로 이루어지지 않는다는 생각이 든다. 혹은 상대가 제대로 호응하지 않는 것 같다.

- 내가 남을 위해 하는 모든 일이 제대로 인정받지 못하는 것 같다.
- 사람들이 내 마음을 오해하거나 이용하는 것 같다.
- 사람들이 나를 원하거나, 사랑하거나, 나의 가치를 인정하는 것 같지 않고 무시하는 느낌이다.
- 남에게 불편을 끼치거나 짜증 나게 할까 봐 걱정한다.
- 도무지 거절할 수 없는 상대에게 피곤을 느끼고 지친다.
- 내가 하고 싶은 일을 할 때마다 마음이 무겁다.
- 내가 굳이 말하지 않아도 남들이 내 불만의 이유를 알아주길 바란다. 그러지 않으면 화가 난다.
- 남이 원하는 내 모습에 나를 맞추려고 애쓴다.
- 내 의견을 말하지 않고 대개 남의 의견에 맞춘다.
- 내 생각과 가족과 친구들의 생각이 다르면 감정을 드러내지 못한다.
- 불편한 마음을 회피한다.
- 내 주장을 내세우기가 어렵다.
- 내가 해야 할 일을 과감하게 하지 않는다.
- 주변 사람을 불쾌하게 할까 두려워서 감정을 절대 드러내지 않는다.

- 모두가 평화롭게 잘 지내고, 절대 누구와도 어떤 일로도 분란이 일어나지 않았으면 한다.

◇ 피플 플리저
　성향의 원인

습관 형성이 하늘에서 뚝 떨어지듯 되는 경우는 없다. 피플 플리저 성향도 마찬가지다. 이러한 성향의 기저 원인은 다양하며 종종 유년기가 발단으로 지목된다. 하지만 누구 탓이든, 상황이 어땠든 간에 피플 플리저 성향은 인정받고 싶었던 상대에게 거부당하거나 인정받지 못한 경험에 뿌리를 두고 있다. 부모, 교사, 동급생, 학대하는 배우자, 자기중심적인 친구, 나쁜 성격을 지닌 사람들 등 누구든 그런 상대가 될 수 있다.

상대의 부정적인 반응은 점점 커져서 낮은 내 자존감을 더 내리누른다. 특히 신체적, 감정적 학대의 형태를 띠었을 때는 더 심해진다. 지속적인 거부의 위력은 여기서 나타난다. 이런 상황을 막기 위해 할 수 있는 모든 것을 하려고 한다. 그러다 보면 남을 기쁘게 하고, 비위를 맞추려고 애쓰게 되는 것이다.

내 가치를 남들에게 증명하기 위해 줏대 없이 모두의 뜻에 나를 맞추는 것이다.

피플 플리저 성향과 유년기

어떤 가정이든 (종교적 믿음이나 문화적 배경보다 더) 가장 강력하고 직접적인 영향을 끼치는 존재는 부모나 보호자다. 부모는 피해, 상처, 절망으로부터 아이를 지켜주는 보호막이다. 아이들은 부모와 '무조건적'인 사랑을 주고받거나 최소한 자신의 안전을 위해 부모에게 의존한다.

부모나 다른 권위를 지닌 가족 구성원과 나눈 어린 시절 경험은 성인기의 태도와 행동에 영향을 미친다. 피플 플리저 성향을 둘러싼 문제를 집중적으로 다루는 미국의 심리학자 햅 르크론Hap LeCrone은 이렇게 단언했다.

"피플 플리저 성향은 종종 유년기와 청소년기에 뿌리 깊게 자리 잡은, 내가 부족하다는 생각과 해묵은 감정에서 비롯됩니다. 부모나 보호자를 기쁘게 하려던 시도가 거부당하거나, 조건이 붙거나, 인정을 받지 못했을 때 문제가 시작되죠."

당연한 말이지만 아이는 부모 또는 보호자의 칭찬과 인정을 추구한다. 이런 욕구는 수세기에 걸친 진화로 각인된 것이다. 부모를 만족시키려는 것은 생존 본능이다.

한편 아이가 화나거나 거슬리는 행동을 했을 때, 부모나 보호자는 불만을 표할 수 있다. 때로는 벌을 통해 이를 표현하기도 한다. 그러면 아이는 부모의 사랑이 '조건부'라는 것을 깨닫는다. 부모가 원하는 대로 행동하지 않으면 거부당한다는 것을 느낀다. 부모와 감정적으로 통하지 못하거나, 기껏해야 가끔 통하는 것으로 여길 수 있다.

유년기 전반에 걸쳐 반복적으로 인정받지 못하거나 부정적인 평가를 받으면 아이는 이를 고스란히 받아들이고 왜곡된 자기 이미지를 구축한다. 보호자의 부정적인 평가를 '자신이 부족하고 불충분하다'는 생각으로 내재화하는 것이다. 그러면 자신감과 자존감은 심각하게 무너진다. 삶에서 중요한 역할을 차지하는 인물이 나에 대해 평하면 그 말을 믿게 되는 법이다.

자신감과 자존감도 마찬가지다. 뇌가 스펀지처럼 정보를 흡수하는 시기에 자주 들었던 메시지는 성인이 된 뒤에도 오랫동안 피해를 준다. 이 메시지는 성인으로서 맺는 다른 관계에 대한 시각에도 영향을 미친다. 나 자신이 아니라 친구, 상사, 배우자가 내 가치를 평가하도록 두는 것이다.

내 욕구는 무시하고 남이 나를 절대 거부하지 못할 중요한 인물이라 평가하게끔 상대를 위해 어떤 일이든 해내려고 한다. 그러나 이런 행동으로 얻는 자기 가치는 허구이며, 장기적으로 봤을 때 의존할 만한 것이 아니다. 동네 카페의 바리스타와 즐거운 대화를 나눌 수 있지만, 그 바리스타가 커피를 제대로 만들지 못한다면? 계속 그 동네 카페를 가서 돈과 시간을 쓰고 싶을까.

동반의존

피플 플리저 성향의 흔한 원인 중 또 하나는 동반의존codependency이다. 동반의존이란 배우자, 애인, 친구를 비롯한 남에게 지나치게 정서적으로 의존하는 것을 가리킨다. 피플 플리저는 필사적으로 상대에게 헌신하며 인정을 받으려 한다. 그 기저에는 상대의 모든 요구를 들어주고 상대가 원하는 대로 행동해야만 조건부 애정을 얻을 수 있다는 믿음이 깔려 있는지도 모른다.

그런가 하면 버림받고 거부당하는 두려움을 누그러뜨리기 위해 긍정적인 행동을 하며 상대의 애정을 구할 수 있다. 상대를 계속 만족시키면 내 모든 헌신을 봐서라도 상대가 나를 좋아하고 인정할 것이라고 생각한다.

이런 행동은 상호의존의 증상이자 계속 남을 기쁘게 하려는 이유이기도 하다. 피플 플리저는 상대가 계속 나를 좋아하게끔 상대를 만족시키고 실망을 주지 않으려고 온갖 노력을 아끼지 않는다. 이해가 가는 부분도 있지만, 이런 행동은 불균형적이며 스트레스를 유발한다.

찬성을 위한 찬성

피플 플리저는 관계에서 안전과 안정을 위협하는 말은 감히 하지 않는다. 언제나 상대가 식당을 고르도록 하고, 생각이 다르더라도 절대 상대의 말에 반기를 들지 않으며, 분열과 갈등을 피하려고 '주변의 흐름'에 맞춘다. 의견의 불일치는 곧 거절의 기회로 이어질 수 있기 때문이다. 보복이나 대치 상황이 얼마나 힘겨울지 모르므로 애초부터 회피하는 쪽을 택한다.

나에게 필요한 일보다 남들이 원하는 일을 더 중요하게 여긴다. 나의 의견을 내는 대신 남들의 생각에 따른다. 정치적 신념이 확고한 배우자를 둔 사람이 (자신의 시각은 매우 다르거나 심지어 정반대인데도) 목소리를 높여가며 배우자의 시각을 지지하는 모습을 떠올려보자. 그는 자신의 신념을 밝히면 관계에 돌이킬 수 없는 금이 가지는 않을까 두려워한다. 의도적으로 이렇게 행동하며 누군가의 사고방식을 뜯어고치려는 경우는 극히 드물지만, 상대를 기쁘게 하고픈 본능은 어디서나 흔히 볼 수 있다.

씻을 수 없는 상처

과거, 특히 유년기에 겪은 문제에 대한 이야기를 모두 핑계로 치부하는 사람들이 있다. 아마도 피플 플리저에게 악영향을 주는 당사자일 것이다. "세월이 이만큼 흘렀잖아? 왜 그냥 잊고 넘기지 못하는 거야?" 이런 말이 얼마나 아이러니한지 그들은 모를 것이다. 이런 반응은 또 다른 형태의 거부다.

그래도 그들의 질문에 답해보자면, 이런 일은 빨리 잊을 수 없을뿐더러 선택의 여지도 없는 문제다. 반복된 트라우마와 부적절한 대우는 즉시 사라지지 않는 깊은 영향을 남긴다. 뉴욕대학교 의과대학 임상재활의학과 교수 존 사노[John Sarno]는 저서 《통증유발자, 마음》에서 다음과 같이 설명했다.

"유년기를 포함, 인생의 어떤 순간에서든 무의식적으로 경험한 감정은 영원히 남는다. 어린 시절 느낀 분노, 상처, 고통, 슬픔은 평생 우리 곁에 머문다."

이처럼 깊이 뿌리박힌 문제는 모든 인간관계에서 고개를 든다. 나의 가장 깊은 곳에 있는 기질과 단점을 극대화하는 애인, 친구, 동료를 무의식적으로 찾는 것이다. 이러한 인간관계를 통해 우리는 과거의 경험을 재현한다. 상대에게 권력의 고삐를 내주고는 즉시 나를 종속적 위치에 놓는 것이다.

과거의 기억에 영향을 받으면 앞으로 나아가지 못한다는 말이 아니다. 다만 공감할 줄 모르는 친구들이 충고하듯 그런 기억을 '잊고 넘기기란' 거의 불가능하다는 것이다. 다시 말해, 비현실적인 요구다.

◇ 스포트라이트 효과

사람들은 종종 다른 사람들이 자신을 주시하고 있다는 착각에 쉽게 빠진다. 자신의 시각적 한계 속에 갇혀서 주변 사람이 모두 내 외양과 행동을 관찰하고 평가한다고 느끼는 경향이다. 이를 '스포트라이트 효과 spotlight effect'라고 한다. 일상생활과 인간관계에서 여러 문제를 야기하는 과장된 자아감과 맞닿아 있다. 모두 내가 몸치라는 걸 알게 될까 봐 클럽에 못 가는 식이다.

스포트라이트 효과는 매일 '나는 서툴고 창피스러운 사람이야'라는 생각을 심어주는 심리적 왜곡이다. 모든 사람이 내 행동을 뜯어보고, 기억해 두고, 조용히 비웃고, 딱히 여기고, 조롱한다고 믿는다. 그러다 보면 머릿속에 존재하는 망신스러운 상황을 피하려고 지나치게 행동거지에 신경을 쓰거나, 아예 사람들 사이에 섞이는 것조차 꺼리게 된다.

스포트라이트 효과는 대부분 상상에 불과하다. 논리적으로 생각해 보자. 사람들은 모두 자신의 니즈와 관심사를 최우선시하게 마련이며, 남의 인생사가 어떻게 굴러가는지 신경 쓸 에너지는 많지 않다. 내 행동에 관심을 갖는 사람은 기껏해야 한둘에 지나지 않고, 대개 이미 가까운 사이여서 나를 충분히 잘 아는 사람일 가능성이 크다. 그리고 그들조차도 신경 써야 할 자기 일이 있다.

당신이 공인, 소셜미디어 인플루언서, 남의 눈에 특별히 띄는 사람이 아니라면 세간의 눈은 당신의 일거수일투족을 뜯어보지 않을 것이다. 심지어 공인이라 해도 세상이 얼마나 나를 주시하는지에 대한 추정치는 크게 왜곡될 수 있다.

스포트라이트 효과는 피플 플리저가 품는 두려움을 크게 부풀린다. 피플 플리저는 이미 자신이 남들의 기대치에 미치지 못할까 봐 걱정하고 있다. 그런데 스포트라이트 효과가 더해지면 걱정은 더 커지고 늘어난다. 모든 사람이 내 행동과 실수를 하나하나 주목하고 있다고 믿기 때문이다. 이로 인해 모든 실수를 바로잡으려고 하고, 사소한 불만이나 거부조차 피하려고 안간힘을 쓴다. 그러다 보면 걱정은 공황으로 바뀐다. 한시바삐 문제를 해결하지 않으면 사람들에게 거부당할 것만 같은 공포심에 사로잡힌다.

스포트라이트 효과에서 벗어나려면 내 마음 상자 밖에서 한 걸음 나가 남들이 정말 나를 주시하는지 판단해야 한다. 남들이 내 행동에 어떻게 반응하는지 집중해서 관찰해 보자. 이렇게 하면 적어도 내면의 불안을 잠시 떨칠 수 있다. 그것만으로도 문제의 상당 부분이 해결된다. 더불어 내 일거수일투족에 관심을 갖는 사람은 생각보다 훨씬 적다는 것을 알게 될 것이다.

◇ 피플 플리저가
　 되지 말아야 할 이유

모두를 만족시켜야 한다는 끊임없는 강박은 정신 건강에 온갖 악영향을 미친다. 피플 플리저 성향이 불러일으키는 폐해를 하나씩 살펴보자.

자기방임

남들의 요구에 지나치게 몰두하다 보면 정작 자신에게는 아무 관심과 애정을 기울일 수 없다. 그래서 운동이나 스트레스 관리부터 전기요금을 내기나 즐거운 시간을 갖기까지, 나를 돌보기 위해 필요한 일은 간과하거나 무시해버린다. 퇴근 후 오랜만에 친구를 만나기로 약속을 잡았는데 다음 날 처리해도 되는 문제에 매달리느라 야근을 하거나, 별로 급하지 않은 집안 문제를 해결하려고 운동을 빠지는 것도 같은 맥락이다.

이런 문제는 단순히 심리적, 감정적 차원에서 그치지 않고 언제든 신체적인 문제로 나타날 수 있다. 남의 사정에 신경을 쓰느라 내 일을 등한시하지 말고 올바른 균형을 맞출 수 있어야 한다.

억제, 울화, 수동공격

모든 사람에게 저자세를 취하다 보면 울화와 서운한 감정이 쌓이게 마련이다. 남의 기분을 맞추느라 지나치게 애쓰고 나면 울화가 치밀고, 그로 인해 날카롭고 빈정거리는 말이 되어 새어 나온다. 이런 수동공격은 인간관계에 좋지 않고, 시간이 흐를수록 심각한 피해를 일으킨다.

피플 플리저는 언제나 이타적이고 친절해야 한다. 그러다 보면 내면에 분노, 번민, 한 같은 불편한 감정이 깊이 쌓인다. 명심하자. 이렇게 부정적인 감정을 처리도 하지 않고 오랫동안 쌓아두면 날카롭고 폭력적인 방식으로 표출될 수 있다. 정신이 완전히 무너지거나 몸에 이상이 생기기도 한다.

배우자의 요구에 맞추기 위해 너무 많은 시간을 할애하고 그 과정에서 자신의 계획과 목표는 미루는 순종적인 사람을 떠올려보자. 시간이 흐르면 그 사람은 스스로 원하는 일을 하지 못한 탓에 쌓인 울화를 마주하게 된다. 그리고 오랫동안 조용히 끓어오른 울화는 상대에 대한 갑작스러운 분노 표출로 이어진다.

즐기지 못하는 삶

언제나 남을 위해 해야 하는 온갖 일에 대해 고민하다 보면 삶의 즐거움을 제대로 향유하는 능력이 떨어진다. 남의 행복을 책임지느라 걱정이 태산인데 어떻게 자신의 행복에 집중할 수 있을까? 정신적, 육체적으로 기진맥진한 상태에서는 맛있는 식사, 주말여행, 아이의 운동 경기조차 제대로 즐길 수 없다.

이 경우 '실질적인' 스포트라이트 효과도 수반된다. 사람들이 내 구겨진 얼굴에 가득한 불만을 읽는 것이다. 이런 상황은 아이들에게도 엄청난 영향을 미친다. 몸은 아이들 곁에 있지만 정신은 다른 곳에 가 있는 무심한 부모의 모습을 보고 아이들은 어떤 메시지를 받을까?

스트레스와 우울감

스트레스란 내가 감당할 수 있는 범위를 넘어서는 요구에 둘러싸인 상황을 말한다. 주변 사람에게 인정받으려고 애쓰다 보면 내 시간에 대한 남들의 요구는 끝없이 늘어난다. 충족하지 못한 요구에서 오는 스트레스는 곧 우울감으로 이어지고, 그러다 보면 벗어나기 어려운 사이클에 갇힌다. 나를 위한 할 일 목록이 전혀 줄지 않고, 남을 위한 할 일 목록이 쌓여가는 것이다.

스스로 해야 한다고 믿는 온갖 일을 하느라 분투하고 있을 때 피플 플리저는 스스로 부과한 일의 양만 봐도 스트레스가 치솟는다. 남의 삶을 돕느라 에너지를 소진한 탓에 정작 자신은 아무런 만족감을 얻지 못하고 우울감에 빠지고, 부정적인 감정을 상쇄하기 위해 또 다른 피플 플리저 노릇을 시작한다. 사이클은 그렇게 돌아간다.

이용과 착취

부탁하는 일이라면 다 들어준다는, 피플 플리저라는 평판이 돈다는 것은 남 앞에 나를 이용하라고 내돌리는 꼴과 같다. 내가 무엇이든 다 해준다고 생각하는 사람이 계속해서 많아지고, 부당한 요구가 끊임없이 쏟아진다. 이기적이고 남을 이용하는 사람들은 한 치 망설임 없이 내 약점을 노린다. 심지어 나쁜 의도가 없는 사람들조차도 내가 과도한 짐을 떠맡고 있다는 것을 모르고 도저히 해낼 수 없는 일을 안겨준다.

이런 상황은 특히 직장에서 심각하게 나타난다. 실적에 신경 쓰는 임원이 내게 말도 안 되는 양의 업무를 넘겨도 별 이의를 제기하지 못하고 꾸역꾸역 처리한다. 그러다 보면 평소 그럭저럭 잘 지내던 동료가 온갖 업무를 효율적으로, 충실히 처리하는 내 모습을 보고 일이 생길 때마다 나를 찾는다. 평소 부정적인 감정은 일절 드러내지 않기 때문에 남들은 내가 이용당하고 야근을 밥 먹듯 한다는 건 꿈에도 생각하지 못한다.

통제 욕구

피플 플리저 성향을 둘러싼 거짓된 고정관념이 있다. 바로 피플 플리저가 하는 행위가 이타적이고 희생적이다는 생각이다. 하지만 사실 피플 플리저는 이기적인 마음으로 남을 위해 희생한다. 모두를 위해 모든 일을 함으로써 마음의 빚을 지워 나에 대한 의견, 감정, 반응을 조종하려고 들기 때문이다. 즉, 피플 플리저는 간접적으로 상대의 삶과 상황을 통제하고 영향력을 행사하려고 한다. 이런 태도가 얼마나 쉽게 심리 조종으로 바뀔 수 있는가는 굳이 말할 필요도 없을 것이다. 시간이 흐르면서 이런 충동은 욕구로 굳어지고 피플 플리저는 '통제광'이 된다.

가족이 모두 모인 추수감사절 식탁에서 이런 상황을 직접 목격한 적이 있다. 요리를 도맡은 사람(솔직히 어머니인 경우가 많다)이 주방의 모든 일을 하나하나까지 관장한다. 다른 사람들이 도움의 손을 내밀어도 거절한다. 피플 플리저 성향이 있는 어머니는 모두를 위해 모든 것을 해내려 애쓴 나머지 자신이 아니면 아무도 제대로 일을 하지 못할 거라 믿는다. 그래서 혼자 모든 일을 해내고는 피곤한 표정으로 잠깐 식탁에 앉았다가 또 호박파이를 굽고 식사 후 뒷정리를 하러 주방으로 들어간다.

아무도 모르는 '진짜' 내 모습

피플 플리저는 자신의 친절한 이미지를 유지해야 하고, 그러려면 대가가 따른다. 피플 플리저는 남들이 진짜 내 모습을 모를 만큼 자신의 감정을 감춘다. 남들이 아는 내 모습은 그들의 기분을 맞추려고 가면을 쓴 모습뿐이다. 모든 사람의 인정과 사랑을 받고 싶은 마음은 아이러니하게도 더 외롭고 소외감을 느끼게 하고, 자기답지 않게 만들기도 한다.

그러다가 마침내 튀어나온 '진짜' 내 모습은 생각보다 훨씬 흉할지도 모른다. 마음속에 묻어두었던 생각과 신념, 특히 내가 맞춰주려고 애썼던 사람에 대한 비난을 드러낼까 봐 마음 놓고 술에 취하지도 못한다. 처음부터 솔직하고 숨김없이 행동했다면 불만을 부드럽고 효과적이게 드러냈을 것이다. 어쩌면 문제를 빨리 해결했을 수도 있다.

피플 플리저 성향은 선의와 친절한 마음과는 다르다. 피플 플리저 노릇은 주변 지인이나 사랑하는 사람들이 편안하고 행복했으면 하는 마음에 하는 일이 아니다. 오히려 자신의 요동치는 감정과 에고를 만족시키려는 욕구가 행동으로 발현된 것에 가깝다. 가짜 친절과 진정한 공감의 차이는 생각보다 쉽게 눈에 띄며, 정체가 드러난 피플 플리저는 남의 존중을 받지 못한다. 무엇보다도 내가 스스로를 저평가하게 된다.

피플 플리저 성향을 버려야 할 온갖 확실한 이유에도 불구하고, 우리는 피플 플리저를 자처한다. 그런 행동을 멈추려면 피플 플리저 성향 아래 숨겨진 힘의 정체를 파악해야 한다. 다음 장에서는 피플 플리저처럼 행동해야 할 것만 같은 믿음을 심어주는 그 힘의 면면에 대해 살펴보도록 하자.

요약 정리

- 남을 기쁘게 하려는 욕구는 친절하고 이타적인 것처럼 보일지 모르지만 실은 가장 이기적인 마음이다. 피플 플리저 성향은 인정 욕구, 두려움, 불안, 그리고 '나는 부족한 사람이므로 남들의 욕구를 충족시킴으로써 내 가치를 올려야 한다'는 애잔한 믿음에 바탕을 두고 있다.

- 피플 플리저 성향의 원인은 다양하지만 그 역학은 언제나 같다. 남의 인정을 바라지만, 이를 부정당해서 다른 방식으로 나를 증명하려는 과정에서 비롯한다. 경험을 통해 남의 요구를 들어주면 더 나은 대접을 받는다고 느끼면서 피플 플리저 성향은 기질로 굳어진다.

- 이 같은 강박은 스포트라이트 효과로 인해 한층 악화된다. 스포트라이트 효과란 모두가 나를 항상 지켜보고 있다는 왜곡된 믿음이다. 이는 보통 사람에게도 좋지 않지만 피플 플리저에게는 더욱 악영향을 미친다. 불안도가 올라가 바람직하지 못한 행동을 하게 되기 때문이다.

- 명심하자. 피플 플리저로서 살아가는 것은 해롭다. 단기적으로는 바라던 대로 인정을 받을지 몰라도 부질없고 진실되지 못하며, 결국 좋지 못한 결과를 맞이한다. 울화와 분노가 마침내 화산처럼 폭발하거나 지나치게 많은 과제를 해결하느라 내 행복과 건강을 희생하는 식이다. 그뿐만이 아니라 자신을 순종적 위치에 놓고 항상 가면을 쓰고 있기에 모든 인간관계가 왜곡될 수밖에 없다.

2장 | 피플 플리저의 메커니즘

: 나는 왜 타인에게
  잘 보이고 싶은가

누군가 내 앞에서 새치기한다. 바른 행동이 아니라는 것은 나도 잘 안다. 그 사람에게 줄 끝이 어디인지 알려줄 권리가 있다. 하지만 목소리를 낼 생각만 해도 긴장되고 뱃속이 꼬이고 목이 갑갑하다. 도저히 할 수가 없다. 그래서 분란을 일으키느니 한 번 봐주자고 생각한다. 결정을 내리고 나니 긴장이 풀리고 속이 편안해지고 목도 시원해진다. 이제야 살 것 같다.

남의 기분을 맞춰주는 피플 플리저나 평소 단호하게 목소리를 내지 못하는 사람이라면 이러한 상황에 공감할 것이다. 사람들의 부탁을 거절할 때, 상대와 의견이 다를 때, 나를 우선시하거나 입장을 고수해야 할 때마다 겪는 경험일 테니까 말이다.

하지만 이와 같은 일이 익숙한 사람일지라도, 계속 반복되는 상황 뒤에 숨겨진 원인은 잘 알지 못한다. 상대의 기분을 맞추고 내 주장을 내세우지 않는 성향의 근원은 무엇인지 알아봐야겠다고 마음먹은 적이 있을까? 생각을 밝히고 부탁을 거절할 때 나는 왜 지나친 긴장과 힘겨운 감정에 시달릴까?

이번 장에서는 피플 플리저가 되는 원인을 알아간다. 결과가 좋지 않다는 사실이 입증되었는데도 계속 남의 기분을 맞추고 내 감정을 뒤로 숨기도록 유도하는 메커니즘을 파헤칠 것이다.

일반적으로 심리학에서는 이런 행동이 단순히 어린 시절의 트라우마 탓이라 치부하지만, 사실 피플 플리저 성향은 그보다 훨씬 복잡한 심리적 불안, 왜곡된 믿음, 비이성적 두려움의 복합체다. 물론 어린 시절의 경험이 영향을 미쳤을 수 있지만 피플 플리저 성향은 대개 현재 처한 상황이나 각자의 믿음이 키워낸 지속적 사고 패턴인 경우가 대부분이다.

재키의 경우를 예로 들어보자. 아버지가 없는 가정에서 네 남매의 장녀로 자란 재키는 어린 나이에 책임감을 배웠다. 어렸을 때부터 굳이 말하지 않아도 사람들이 무엇을 원하는지 금방 알아챘고, 남들의 충족을 위해 본인이 나서는 일을 사명으로 삼았다. 어머니를 도와 집안일을 하고 공부와 일을 병행하며 어린 동생들에게는 제2의 어머니 노릇을 했다.

이 행동 패턴은 결국 재키의 친구 관계, 직장 내 인간관계, 애정 관계에도 스며들었다. 재키는 주변에서 도움이 필요할 때 가장 먼저 찾는 사람, 일을 대신해 주는 사람, 잘 경청해 주는 사람이 된 데 자부심을 느꼈다. 자신을 위한 시간이 부족한 것은 곧 주변에 대한 헌신과 이타심을 의미한다고 생각했다. 재키는 내심 뿌듯하기도 했다.

이제 두 아이의 엄마가 된 마흔다섯 살 재키는 여전히 훌륭한 아내, 든든한 엄마, 어느 모로 보나 좋은 사람이 되려면 언제나 남을 먼저 생각해야 한다는 신념에 맞게 충실하게 살고 있다. 직장인으로 일하면서 집안 대소사를 챙기고, 자잘한 집안일을 하는 데 남편과 아이들의 도움이 필요하다는 생각이 들 때면 왠지 모를 자책감에 시달린다.

장 볼 목록을 써두는 데서부터 가족들이 만족스럽게 지내도록 챙기는 데까지 이르는 모든 것이 자기 책임이라고 믿는다. 운동을 하거나, 정기 건강검진을 받거나, 친구들과 즐거운 시간을 보내거나, 혼자서 긴장을 풀고 쉬는 등 자신을 위한 시간을 조금이라도 낼라치면 죄책감이 밀려든다. 쌓여만 가는 일을 미뤄두었다간 무책임한 사람처럼 보일 것이다.

결국 재키는 감기, 편두통, 스트레스성 궤양 등 온갖 건강

문제를 겪기 시작했다. 그 지경에 이르러서도 아프다는 것 자체에 죄책감을 느꼈다. 남에게 기대지 않고 주변 사람을 돌본다는 자신의 사명을 다하지 못했기 때문이다.

재키의 진짜 문제는 모든 것을 상대에게 맞춰주는 피플 플리저 같은 행동이 아니다. 이런 행동은 피부 아래의 조직이 손상된 탓에 표면에 나타나는 멍처럼 더 깊은 문제가 겉으로 발현된 것일 뿐이다. 다시 말해, 이 경우 피플 플리저 성향은 원인이 아니라 증상이다.

남의 기분을 맞추는 행동의 기저는 다양하지만, 그중에서도 네 가지 원인이 반복적으로 나타난다.

첫째, 일부 피플 플리저는 남을 돕고 자신을 마지막에 챙기는 것이 당연하다는 왜곡된 신념이 있다. 남을 살뜰히 챙기는 게 인간관계에서 가장 중요하며, 관계가 일방적일수록 더 좋다고 여긴다. 시간이 흐르면 이런 성향이 보편화되어 살면서 만나는 모든 사람에게 지나치게 순응한다. 그리고 죄책감을 견디지 못해서 항상 같은 행동을 반복한다.

둘째, 자기가치감self-worth 문제로 괴로워하는 피플 플리저가 꽤 많다. 이런 부류는 쏟아지는 주변의 부탁을 모두 들어주면서 자기가치감과 인정받는다는 기분을 느낀다.

셋째, 남의 기분을 맞추는 것이 친절과 선함의 동의어라 여긴다. 반대로, 청을 거절하고 자신의 의견을 내면 모질고 나쁜 짓이라 믿는다. 이런 사고방식 탓에 남에게 이용당하기도 쉽다. '착한' 사람이라는 이미지를 지키기 위해 할 수 있는 모든 일을 하기 때문이다.

넷째, 갈등 상황이 두려워서 피플 플리저처럼 군다. 분란이 일어날 만한 말을 하느니 피가 배어나오도록 입술을 깨물고 참는다. 그 결과, 표출하지 못한 감정이 내면에 쌓인다.

이번 장에서는 소위 남의 기분을 맞추는 피플 플리저 '병'의 네 가지 원인을 중점적으로 다룬다. 당신의 공적, 사적 인간관계가 이 병에 감염되었다면, 우선 자신의 경험과 심리 상태를 기반으로 원인을 파악하는 것이 중요하다.

피플 플리저처럼 행동하는 이유를 이해한다면 이러한 성향에서 벗어날 방법을 찾기도 쉽다. 내 안에 자리 잡은 잘못된 사고방식을 파악하는 한편, 내 상황에 맞는 구체적 해결책과 행동방안도 볼 것이다. 자멸적 습관을 떨쳐내는 다음 단계로 나아가기 전, 우선 피플 플리저 성향의 구체적 원인을 자세히 알아보자.

◇ **남의 기분을 맞추고
 챙기려는 욕구**

피플 플리저는 어린 시절부터 남을 배려하는 태도가 이기적인 행동보다 바람직하다고 배웠을 가능성이 크다. 사이좋게 형제들과 쿠키를 나눠 먹거나 타던 그네를 친구에게 양보하면 칭찬을 받고, 양보하지 않고 혼자서 독차지하면 훈계를 들었을 것이다.

물론 배려를 중시하는 가르침에는 친절과 아량이라는 중요한 가치가 배어 있다. 하지만 너무 일방적으로 치우친 가르침인 경우가 많기에 절대 나를 우선시하면 안 된다는 왜곡된 신념이 생길 수 있다.

피플 플리저는 언제나 나보다 남을 챙기고 우선시해야 한다고 배운 나머지 나를 위한 일을 하면 깊은 괴로움을 느낀다. 바람직한 일이든, 자신의 삶에 필요한 일이든 나를 위한 일을 하면 비판과 자기 비난의 대상인 게 당연하다고 믿게끔 길들여진 탓이다. 그래서 자신을 먼저 생각할 때 드는 불편감을 회피하려고 남을 챙기고 기분을 맞춘다.

이처럼 남을 만족시키는 것이 사명이라고 믿고 자라면, 내 의견을 내고 남의 요구를 거절하는 것은 핵심 가치에 반하는 거라 생각할 수밖에 없다. 언제나 남을 챙기면서 친절한 사람이 되려고 애쓴다. 나를 우선시해서 누군가의 기분을 상하게 하거나 불만을 사면 엄청난 죄책감을 느낀다. 그 죄책감은 중요한 도덕적 규준을 어겼다는 표시라 받아들인다. 즉, 상대의 요구를 거절하고 나를 우선시하는 것은 의심할 여지 없이 나쁜 행동이며, 죄책감은 항상 그랬듯 남을 먼저 챙겨야 한다는 것을 일깨워 주는 신호라고 여긴다.

데이브의 경우를 보자. 데이브는 부하 직원이 저지른 잘못까지도 책임질 준비가 된 근면하고 겸손한 관리자다. 그렇기에 부하 직원에 관한 일은 모두 자기 책임이라고 믿는다. 부하 직원이 업무를 해내지 못하면 직접 떠맡는다. 모든 업무와 문제의 '해결사'라는 기대를 한 몸에 받고 있다고 믿기에, 주변의 요청에 부응하지 못하거나 모든 부하 직원의 문제를 해결하지 못하면 죄책감에 휩싸인다.

부하 직원이 잘못을 저질러도 절대 정면으로 부딪치지 않는다. 그랬다간 기분이 상한 상대가 자신에 대한 신뢰를 잃고 등 돌릴까 봐 두렵기 때문이다. 그 대신 데이브는 여가나 가족과 함께 보내는 시간을 희생해서 갑절의 노력을 기울여 모든 실수를 덮고 모든 직원을 만족시키려 애쓴다. 다른 사람을 나보다 우선시하는 것이 리더로서의 의무라 여기기 때문에 자신을 위한 시간을 낸다는 생각만 해도 마음이 무거워진다.

남을 만족시키려는 강한 욕구는 나를 남보다 먼저 생각할 때 드는 죄책감뿐만 아니라, 상대의 감정과 반응에 대한 책임감의 형태로도 나타난다. 부탁을 거절해서 친구가 서운해하는 것이 마치 자기 책임인 양 여기는 것이다.

마찬가지로 사람들이 실망하고 낙심한 표정이 모두 내 탓이라 느낀다. 내가 상대의 요구를 받아들였다면 그 표정을 바꿔놓을 수 있었다고 믿기 때문이다. 모두의 행복과 정신 건강이 내 책임이라 생각하므로 사람들을 괴롭고 불행한 상태에서 건져내기 위해 내 행복과 정신 건강쯤은 기꺼이 희생한다. 모두의 행복을 유지하는 것이 인간관계를 잘 유지한다는 증거라고 생각한다. 그래서 자신이 할 수 있는 일은 뭐든 하려고 지나치게 애쓴다.

건강한 인간관계의 핵심이 무엇인지 잘못 파악하고 있기에 이 같은 사고방식을 가진다. 건실한 관계를 맺으려면 서로 주고받기, 한쪽에 치우치지 않는 배려, (남을 챙기느라) 나를 경시하지 않기 등의 조건을 충족해야 한다. 남에게 봉사하고 주변 사람이 행복하기를 바라는 것은 비교적 가치 있는 욕구다. 그러나 그 대가로 자신의 건강과 행복을 희생하는 것은 안 될 일이다.

◇ 불안과 무가치감

피플 플리저 성향의 또 다른 주요 요인은 부족한 자신감과 무가치감이다. 자신감이 없고 스스로를 과소평가하면 언제든 상대가 나를 배척할 수 있고, 그래도 당연하다고 생각하게 된다. 사람들이 내게 관심을 가질 이유, 더욱이 나를 인정하거나 사랑해야 할 이유는 하나도 떠올리지 못한다.

지금 내 모습이 부족하고 사랑받을 자격이 없다고 확신하므로 항상 거부당할지도 모를 가능성에 대비한다. 부탁을 거절할 때 상대가 조금만 얼굴을 찡그리거나 무심코 한숨을 쉬는 등을 보이면 민감하게 반응한다.

이처럼 상대가 나를 마음에 들어하지 않을 것이라고 넘겨짚다 보면 매사 상대의 기분을 맞추게 된다. 남들이 원하는 대로 행동하고 상대를 만족시켜야만 내게 '사람'으로서의 가치가 있다고 믿는 것이다. 사람들이 내 모습 그대로를 좋아할 수 있다고는 꿈에도 생각한 적이 없기에 인정을 받으려고 능력 이상으로 사람들의 기분을 맞추고 봉사한다. 남의 불만을 피하기 위해 가능한 한 모든 일을 한다. 자기가치감이 너무 약한 나머지 거부당하면 자아감 자체가 무너질 수 있기 때문이다.

헬렌의 사례를 살펴보자. 헬렌은 어려서부터 십 대 시절까지 고분고분하게 행동할 때만 찔끔찔끔 애정을 표시하는 어머니에게 사랑받으려고 애썼다. 이제 아내이자 어머니가 된 헬렌은 여전히 무의식적으로 주변 사람과 같은 패턴의 인간관계를 맺고 있다. 자기와 살아주는 것만으로도 남편에게 고맙고, 아이들이 자신을 부족한 어머니라고 생각할까 봐 두려워한다.

불안과 무가치감을 상쇄하려고 가족에게 시간과 노력을 몽땅 바치고 자신에게 필요한 일은 모두 무시해버린다. 끝없는 헌신으로 가족들이 만족해야만 가족의 사랑을 받을 자격이 있다고 믿는다.

'난 사랑받을 자격이 없어'라고 스스로 생각한다는 사실을 쉽게 인정하는 사람은 많지 않다. 이런 생각은 눈에 보이지 않지만 계속 쓰린 상처처럼 무의식적으로 온갖 행동을 야기한다. 사춘기에 접어들기 전에 이런 생각을 하게 되면, 자신은 언제나 부모가 편애하던 형제나 공부 잘하고 인기 많은 친구와 달리 쓸모없는 사람이라고 스스로 납득한다. 그리고 결국 생각한다.

'난 남의 인정과 사랑을 받을 가치가 없어. 나보다 나은 사람들이 이렇게나 많은데 남들이 나를 사랑하는 데 시간과 감정을 쏟을 이유가 없잖아?'

이처럼 무조건적인 사랑을 받을 자격이 없다고 믿고 살다 보면 또 다른 생각이 고개를 든다.

'있는 그대로의 내 모습으로는 사랑받을 자격이 없을지 모르지만, 더 나은 사람이 되고, 더 많은 것을 내주고, 더 남을 챙기다 보면 사랑을 얻을지도 몰라.'

그래서 스스로 자격이 없다고 믿으면서도 사랑받고 싶다는 희망을 품고 최선을 다해 남의 기분을 맞추며 주변을 챙기는 습관에 빠진다. 피플 플리저가 되는 것이야말로 지금까지 스스로 키워온 불안과 무가치감의 깊은 상처를 치료해 줄 명약이라고 믿기 때문이다.

◇ 피플 플리저 성향과 선,
　자기주장과 악의 동일시

"좋은 사람이 되는 게 중요해."

아이의 자아가 형성되는 시기부터 집과 학교에서 배우는 교훈이다. 사실 부모가 건네는 최초의 조언일 것이다.

"친구에게 잘해줘야지."

"친절해야지."

"착하게 굴어야지."

위 세 가지 지시는 서로 혼용되어 모든 상황을 흑백으로 구분하게 만든다. 친구에게 잘해주는 것이 친절한 것이고, 이는 착한 것이다. 그래서 좋은 사람이 되려면 언제나 인정 있게 굴어야 한다. 부탁을 거절하거나 내 권리를 침해하는 사람에게 제재를 가하는 등 '따뜻한 마음을 지닌 사람'이라는 이미지를 흐리는 행동을 하면 나쁜 사람이 된다고 생각한다.

이 경우 남을 챙겨야 한다는 강박을 느끼는 사람처럼 죄책감이 작용하는 것은 아니다. 다만 건강한 인간관계에 대해 극히 왜곡된 관점을 갖게 된다.

남에게 잘해주면 좋은 사람이고, 자기주장을 하면 나쁜 사람이라고 생각하는 사고방식에 빠지면 누구나 남의 기분을 맞추게 마련이다. 이런 이유로 골수 피플 플리저가 되기 쉬운 유형은 '모두에게, 언제나 좋은 사람으로 보이는 것'을 극히 중시하는 사람이다. 남의 눈에 착하고 인정 많은 사람으로 보이는 것이 중요한 사람은 모두의 욕구와 바람을 들어주기 위해 터무니없이 많은 시간과 노력을 기꺼이 투자하기 때문이다.

로버트는 좋은 사람이자 좋은 친구라는 데 자부심을 느꼈다. 자신은 그런 사람이라 철썩같이 믿었고, 그 이미지에 맞는 모든 일을 했다. 친구가 거금을 빌려달라고 하면 도저히 형편이 안 되는데도 부탁을 들어주었다. 거절하면 나쁜 친구, 나아가 나쁜 사람이라 믿었고, 그런 사람은 되고 싶지 않았기 때문이다.

그래서 로버트는 계속 좋은 친구로 남는 데 필요한 일을 했다. 본인도 감당이 안 될 만큼 큰 금액을 친구에게 빌려주었다. 그러면서 정작 자신은 몇 달간 카드값을 연체했고, 연체 이자는 오롯이 혼자 감당했다. 친구의 부탁을 거절하면 나쁜 사람이 될까 봐 두려워서 이런 결과를 무릅쓴 것이다.

'좋은 사람이 되고 싶다', 혹은 '좋은 사람으로 보이고 싶다'는 마음 자체가 나쁜 것은 아니다. 그러나 단호하게 굴면 좋은 사람이나 착한 사람이 될 수 없다는 생각은 왜곡된 믿음이다. 상황에 따라 내 주장을 펼치면서도 좋은 사람으로 머물 수 있다.

그뿐만 아니라 항상 이타적으로 행동하면 착한 사람이라는 생각 또한 잘못된 믿음이다. 이타심은 겉으로는 숭고해 보인다. 하지만 상대를 순수하게 걱정하는 게 아니라 사람들이 호평하는 이미지를 만들기 위해 닥치는 대로 남발할 경우에는 큰 문제가 된다.

이타심의 반대쪽 끝에는 이기심이 있다. 이기심이라고 하면 대개 부정적인 이미지를 떠올리지만, 사실 이기심은 적절한 선에서 실천해야 하는 개념이다. 올바른 상황에서 활용한다면 이기심은 어디까지나 긍정적인 감정이다.

나를 남에게 송두리째 내주고 남의 요구에 맞춰 무리하는 대신, 내 건강을 유지하고 에너지를 충전하기 위해 자신에게 초점을 맞추는 적절한 이기심은 사는 데 꼭 필요하다. '남의 것을 빼앗는 건 아닐까?'라는 죄책감을 느끼지 않고 건강, 행복, 꿈을 위해 적당한 이기심을 발휘할 수 있어야 한다. 사실 주변 사람을 아끼고 함께할 때 찾아오는 행복을 더 온전하게 누리려면 때로 이기적으로 행동하는 것이 필수적이다.

◇ '정면 승부'에 대한
　두려움

　　피플 플리저 성향은 '정면 승부'에 대한 두려움에서 비롯하기도 한다. 분란을 일으키는 게 두려우면 모든 사람의 부탁을 들어주어야 한다는 압박을 느끼고, 절대 거절하거나 내 의견을 내지 않으며, 다른 사람에게 자신을 맞추게 된다. 이 같은 성향과 행동이 모이면 하나의 패턴, 즉 피플 플리저 성향이 굳어진다.
　　언제나 남 앞에서 내 의견, 감정, 욕구, 필요를 대놓고 표현하기가 어렵다면 피플 플리저는 만만한 사람으로 전락할 가능성이 크다. 더욱이 갈등에 대한 두려움 때문에 이렇게 행동한다는 사실을 인지하지 못할 수 있다.
　　피플 플리저 성향은 정면 승부에 대한 두려움에 뿌리를 두고 있는 한편, 이 두려움은 더 근본적인 원인에 바탕을 두고 있을 수 있다.
　　남들이 못 들은 척할까 봐 원하는 바를 말하지 못한다. 내 권리를 존중받으려고 논쟁을 벌였다가 망신만 당하고 끝나지 않을까 걱정되어 아무 말도 하지 않는다. 대놓고 말했다가 해고당하거나, 실연당하거나, 평판이 떨어질까 봐 겁낸다. 공연히 정면 승부를 했다가 상황이 손쓸 수 없을 만큼 악화되어 나와 상대 모두 걷잡을 수 없는 부정적인 감정(죄책감, 분노, 혐오 등)을 드러낼까 봐 걱정하는 것이다.

그래서 상황이 나빠지지 않도록 다음과 같은 해결책을 쓴다. 바로 가장 저항이 적을 성싶은 길을 택하는 것이다. 목소리를 내지 않고, 거절하지 않고, 아예 상대와 대치하지 않는다. 할 말이 있어도 하지 않는다. 다시 말해, 해결책은 '피플 플리저가 되는 것'이다.

회사 사람들이 항상 내 의견을 쓸데없는 말로 취급하고, 내가 다른 팀원들보다 경력도 많고 능력도 있지만 시시한 업무만 주어진다고 치자. 팀장에게 이 문제에 대해 말을 꺼내고 싶지만, 그러자니 잘난 척하는 것처럼 보이거나 팀장의 업무 분장 능력에 이의를 제기하는 꼴처럼 보일까 봐 걱정한다. 팀장과의 관계와 내 이미지를 망치지는 않을까 두려워서 업무 만족도와 커리어를 올릴 기회를 무시하고 아예 목소리를 내지 않는다.

겉으로는 갈등을 피하더라도 현 상황에 대해 정면 승부를 하고 싶은 마음이 스멀스멀 피어오르기도 한다. 남의 요구와 기대, 그리고 내가 실제로 하고 싶은 것 사이의 간극이 생기면 내면에서는 종종 맞서고 싶은 마음이 든다. 그 마음을 행동으로 옮길 때 찾아올 결과가 두려워서 물러나고 마는 것뿐이다.

그러다 보면 정면 승부를 하고픈 욕구가 부적절하고 파괴적인 방식으로 표출된다. 직접 대놓고 표현하는 대신 수동공격적이고 간접적인 방식으로 감정을 드러내는 것이다.

수동공격적 행동은 무의식적인 적대감으로 나타난다. 보고서를 대신 써달라는 동료에게 대놓고 거절하지는 않지만, 나중에 깜박했다며 간접적으로 반감을 보여준다. 출장을 간 남편이 연락 한 통 없었어도 괜찮다고 말해놓고, 차갑게 대하고 일주일 내내 '깜박한 척' 어디서 무얼 했는지 알려주지 않으며 남편에게 앙갚음할 수 있다.

이처럼 좋은 이미지를 유지하기 위해 직접적 갈등은 피했더라도, 이렇게 쌓인 반감은 관계를 좀먹는 수동공격적 행동으로 드러나서 역효과를 낳는다. 상황을 악화시킬까 봐 두려워 갈등을 피했는데, 아이러니하게도 상황이 악화되는 것이다.

갈등이 없다고 해서 관계가 건강한 것은 아니다. 갈등이 있다고 해서 관계가 엉망이 되는 것도 아니다. 사실 갈등에 대한 두려움을 극복하고 갈등 상황을 적절히 해결하는 것은 건강한 관계를 유지하는 데 꼭 필요하다. 아무리 고분고분하고 융

통성 있게 행동해도(또는 스스로 그렇게 믿어도), 살다 보면 어느 순간에는 갈등에 맞닥뜨릴 수밖에 없다. 나만의 생각, 감정, 필요, 가치관을 지닌 사람이기에 당연한 일이다. 타인(과 나)과의 관계를 건강하게 유지하려면 갈등 상황을 견디는 능력을 키우고 갈등에 대한 두려움을 넘어서야 한다.

피플 플리저 성향이 겉으로 보기에는 나쁜 성향이 아니므로 더욱 떨쳐내기 어려운 습관이다. 사실 피플 플리저처럼 행동하면 호감 가고 올바른 이미지를 구축하는 데 도움이 되며, 부탁을 들어주고 무리한 상황을 감수할 때마다 상대가 미소와 감사의 말로 보답하면 나름 만족감이 든다.

그러나 상대를 만족시키기 위해 지나치게 노력하는 원인이 무엇인지 깊이 들여다보면 피플 플리저 성향이 얼마나 해로운지 알게 될 것이다. 피플 플리저를 계속 자처한다는 것은 내 안에 남의 기분을 맞추려는 강렬한 욕망, 불안, 무가치감, '좋은 사람'의 조건에 대한 왜곡된 믿음, 정면 승부에 대한 억압된 두려움이 숨어 있다는 분명한 신호다.

이제 자문해 볼 시간이다. "나는 정말 하루 24시간 남의 대기조 노릇을 하는 자기파괴적 습관에 얽매여 살고 싶은가?" 답이 "아니다"라면, 이제 털고 일어날 때다. 피플 플리저 성향의 원인을 깨달았다면 나를 옭아매는 족쇄에서 벗어날 첫발을 내디딘 셈이다.

이제 다음 단계로 나아가자. 내 의견을 내고, 남의 부탁을 거절하고, 인생 전반을 쥐고 흔들던 피플 플리저로 살아온 삶을 제지하자. 지금부터 남보다 나를 더 존중하는 법을 배울 시간이다.

요약 정리

- 남의 기분을 맞추는 원인은 다양하다. 이 원인들은 모두 남과 나를 비교 선상에 놓고 판단하는 데서 비롯한다. 간단히 말해 나와 상대가 같은 위치에 있지 않고, 내가 어떤 면에서든 열등하거나 떨어진다고 생각하는 것이다. 이런 믿음은 피플 플리저 성향을 부채질하고, 심지어 피플 플리저 성향에 보상을 주는 역학적 관계를 만들어낸다. 이렇게 잘못된 생각을 야기하는 원인은 주로 네 가지로 나뉜다.

- 첫째, 인간관계를 편향되게 정의한다. 내가 손해를 입을 만큼 남을 챙기는 것을 우선시한다. 이런 신념이 있으면 그에 반하는 행동을 시도할 때마다 엄청난 죄책감에 시달린다.

- 둘째, 자기가치감이 낮다. 내가 상대와 동등하지 않다고 여기거나, 남들이 내 모습을 그대로 받아들이지 않을 거라 여긴다. 그래서 남이 나를 인정할 유일한 방법은 온갖 수를 써서라도 남의 기분을 맞춰주는 것이라 믿는다.

- 셋째, 어렸을 때부터 마음이 넓고 친절하게 행동하는 것이 훌륭한 자질이라는 가르침을 받고 자랐다. 일부 피플 플리저는 이 교훈을 확대 해석해서 '자신을 우선시하는 것은 이기적이고 부정적인 태도'라고 생각한다.

- 넷째, '정면 승부'를 두려워한다. 긴장감과 불편감이 너무 싫어서 갈등 상황을 회피하려고 지나치게 애쓴다. 분란을 일으키고 싶지 않으므로 그저 눈에 띄지 않고 조용히 있는 데 집중한다.

3장 | 사고방식의 재구성

: 남의 기분을
  맞춰야 한다는 착각

2장에서는 피플 플리저 성향 아래 깔린 믿음에 대해 다루었다. 남을 챙기고 만족시키려고 산다는 생각, 내 지금 모습으로는 사랑받을 자격이 없다는 생각, 내 권리를 주장하면 나쁜 사람이라는 생각, 갈등은 무슨 수를 써서라도 피해야 한다는 생각이 피플 플리저를 만든다.

피플 플리저 성향은 이처럼 세상과 자신에 대한 왜곡된 시각에서 생겨난다. '나는 이대로도 충분하고 가치 있는 완성된 사람이야'라고 생각하는 대신, 근본적으로 부족한 사람이라고 믿는 것이다. 자존감과 자기애가 메웠어야 할 큰 구멍을 채우려고 남의 인정을 갈구한다. 그래서 피플 플리저의 왜곡된 관점과 신념은 타인과 상호작용하는 방식에 부정적인 영향을 미친다.

남을 만족시키려는 강박적 욕구를 떨쳐내면 세상을 보는

방식, 무엇보다도 자신을 바라보는 방식이 완전히 달라진다. 이번 장에서는 바로 그 과정을 이끄는 길잡이를 담았다. 나의 핵심 가치관, 관점, 특히 나를 제쳐두고 남을 먼저 만족시키려는 성향을 바꿔 행동을 변화시키도록 하자.

◇ 고정관념을 바꾸는
　　기본 원리

　고정관념을 바꾸는 것은 절대 쉬운 일이 아니다. 고정관념, 특히 남을 우선시하는 행동과 연관된 고정관념은 개인사, 굵직한 경험, 전반적 기질과 밀접하게 얽혀 있어서 '나'라는 사람과 거의 한 몸이나 마찬가지다. 사람이란 자신의 경험에 따라 생각하고, 자신의 생각에 따라 행동하고, 자신이 믿는 대로 되는 법이다.

　어쩌면 고정관념을 바꾸기보다는 집의 구조를 통째로 갈아치우는 대공사가 더 쉬울 수도 있다. 공사는 외적인 일인데다 통제할 수 있으며 그리 많은 의지와 자제력을 발휘하지 않아도 되기에 비교적 쉽다. 그에 반해, 고정관념을 바꾸기는 훨씬 어려운 문제다. 세상과 나 자신에 대한 사고방식을 바꾸려면 높은 수준의 자기인식self-awareness이 필요하다. 엄청난 집중력과 헌신을 기울여야 하는 것은 물론, 유동적이며 추상적인 마음속의 무언가를 상대해야 한다.

하지만 고정관념, 즉 신념을 바꾸는 것이 불가능한 과제는 아니다. 가장 좋은 방법이 무엇인지 알고 집중력과 끈기를 발휘한다면 더 나은 내가 되기 위해 이를 재구축할 수 있다.

신념을 바꾸는 가장 확실하고도 익히 입증된 방법은 인지행동요법cognitive behavioral therapy, CBT이다. 인지행동요법은 '생각을 바꾸면 행동도 바뀐다'는 것을 전제로 한다. 인지행동요법을 활용하면 기본적으로 내 생각을 정확히 인지하고, 왜곡된 생각과 현실적 생각을 구별하는 능력을 기르고, 왜곡된 생각을 현실적 생각으로 대체할 수 있다.

'자책하기 – 나쁜 면에 집착하기 – 비관적으로 예측하기 – 다 부정적으로 생각하기' 모형은 아동과 청소년의 정신건강 치료 프로그램을 제공하는 프랙티스와이즈PracticeWise 기업이 부정적 사고를 없애기 위해 개발한 인지행동요법 전략이다. 머릿속에 지나치게 부정적인 생각이 떠오를 때마다 자각할 수 있도록 머리글자를 따서 '자나비다'라고 외워두자. 이제 각 행동이 어떻게 나타나는지 살펴보자.

자책하기

내 행동에 대한 책임을 지는 것과 지나친 자책에 빠져 허우적대는 것은 서로 전혀 다른 문제다. 중요한 점은 내가 자책의 함정에 빠졌다는 사실을 알아차리는 것이다. 극단적인 자책은 "다 내 탓이야"라든가 "내가 완전히 다 망쳤어"라고 생각할 때 마음속에서 피어오른다. 내 행동에 책임을 지는 것은 성숙하고 훌륭한 태도지만, 나쁜 일이 일어날 때마다 나를 탓하는 것은 비생산적이며 우울증처럼 정신 건강 문제를 야기할 수 있다.

피플 플리저라면 나를 우선시하려 시도했다가도 지나친 자책에 빠질 수 있다. 아이를 봐달라는 동생의 청을 거절하고서 동생이 애를 봐줄 사람을 찾기가 너무 힘들다고 하소연하면 죄책감이 드는 식이다.

'내가 부탁을 거절하지 않았으면 동생이 이런 고생을 할 필요도 없었을 텐데. 다 내 잘못이야.'

내가 도왔다면 순조롭게 흘러갔을 일이 삐걱대는 것에 대한 책임을 느끼기 때문에 결국 상대의 청을 들어주고 만다.

나쁜 면에 집착하기

사람들은 흔히 긍정적인 면보다는 부정적인 면에 초점을 맞춘다. 직장에서 발표를 했는데 칭찬 아홉 번과 부정적 평 한 번을 들었다면 칭찬은 잊고 비판을 곱씹는다. 어떤 상황에서나 불행한 이야기를 찾아나서는 경향을 경계하자. 이런 생각은 상황이 악화될 거라 믿도록 부추긴다.

이런 성향은 단호하게 행동할 때 따르는 부정적 결과에만 초점을 맞추는 모습으로 나타난다. 친구의 파티 초대를 거절한다 치자. 머릿속은 '초대를 거절해서 친구가 나를 나쁘게 생각할 거야'라는 단 한 가지 생각에 집착한다. 초대를 거절했을 때 찾아오는 모든 긍정적 측면, 급한 업무를 처리하고 휴식을 취하는 등과 같은 일은 과소평가한다. 친구의 기분을 상하게 했다는 단 한 가지 부정적 결과에 온 신경이 쏠려 있기 때문이다. 결국 나를 우선시하는 대신 친구가 원하는 일을 한다.

비관적으로 예측하기

비관적 예측이란 앞으로 상황이 더 나빠질 거라 예상하는 것을 말한다. 어떤 일이 벌어질지 정확히 알 수 없더라도 항상 최악의 결과를 상상한다. 이런 생각이 불러일으키는 불안과 공황은 예측을 자기 충족적 예언self-fulfilling prophecy(어떤 예측이나 기대가 행동에 영향을 미쳐 결국 그 예언이 실제로 실현되는 현상)으로 바꿔놓는다. 중요한 시험이 있는데 계속 '망할 거야'라고 되뇌고, 조바심 내느라 머리가 제대로 돌아가지 않는다면 시험을 잘 볼 리 만무하다.

다 부정적으로 생각하기

삶을 어둡게 칠해버리는 생각들이 있다. '이번 여행은 제대로 되는 게 하나도 없네'라든가 '내 삶은 다 엉망이야'라는 생각이다. 이런 생각은 특히 주의해야 한다. 지나치게 부정적인 사고는 모든 희망을 없애고 후회와 두려움만 부각해서 생산적인 방향으로 나아가지 못하도록 발목을 잡는다.

만성적으로 피플 플리저를 자처하는 사람이라면 자기 자신에 대해 지나치게 부정적 사고를 품고 있을 가능성이 크다. '난 남들이 좋아할 만한 장점은 하나도 없으니까'라고 믿고, 사람들이 나를 좋아하게끔 요구를 모두 들어주고 기분을 맞추려 최선을 다한다.

카일리는 '나는 아무짝에도 쓸모없는 인간이야. 내 모습 그대로를 사랑해 주는 사람은 아무도 없을걸'이라고 믿으며 자랐다. 그래서 스스로도 자신에게 준 적 없는 사랑과 인정을 남들에게서 얻기 위해 기분을 맞추려고 지나치게 애썼다. 상대의 요구를 거절하면 자신이 쓸모없고 사랑받을 자격 없는 존재라는 것을 증명하는 꼴이라고 믿었다. 그래서 주변 모든 사람을 기쁘게 하는 데만 온갖 노력을 기울였다.

이런 상황을 타개하는 유일한 방법은 우선 머릿속에서 일어나는 '자나비다' 사고를 자각하는 것이다. 그런 다음 '자나비다' 사고를 올바르고 현실적인 생각으로 대체하면 된다. '자나비다' 사고는 지나치게 부정적이고 나쁜 쪽으로 기울어져 있기 때문에 현실적인 생각이 오히려 더 긍정적이다. 이처럼 현실적인 생각은 올바른 관점을 갖는 데 도움이 되며, 자기 연민과 패배감에 젖는 대신 긍정적인 행동을 하도록 이끌어준다.

'편두통 검사 때문에 학부모회를 빠진다면 부모로서 책임을 다하지 못하는 거야'라는 '자나비다' 사고를 했다고 치자. 첫째, 이런 생각은 지나치게 부정적이므로 현실적인 생각으로 바꿔야 한다는 것을 인지해야 한다. 미국의 심리치료 전문가 에이미 모린 Amy Morin은 현실적으로 생각하려면 친구가 이런 딜레마에 빠졌을 때 뭐라고 조언할지 상상해 보라고 권한다.

"학부모회에 안 가는 부모는 부모도 아니야"라고 말해줄 것인가? 아마도 아닐 것이다. 그보다는 "먼저 편두통 검사를 받아봐. 아프면 좋은 부모 노릇도 못 한다고. 학부모회 한 번 빠졌다고 천하에 나쁜 부모는 아니지. 게다가 편두통이 오면 어차피 회의에 집중하지도 못할 거잖아"라고 말을 건네지 않을까.

이제 친구에게 조언하듯 자신에게 말해보자. 이런 연습을 하면 자기파괴적인 피플 플리저 성향에서 벗어나 자신은 물론 타인과 더 건강한 관계를 쌓을 수 있다.

'자나비다' 사고방식을 현실적인 생각으로 바꾸는 것은 피플 플리저 성향 아래 깔린 왜곡된 믿음을 재정립하는 핵심 과정이다. 2장에서 언급했듯 피플 플리저 성향을 야기하는 믿음은 네 가지로 나뉜다. (1) 나는 남을 만족시키고 챙기기 위해 존재한다는 믿음, (2) 있는 그대로의 모습으로는 사랑받을 자격이 없다는 믿음, (3) 자기주장이 강하면 나쁜 사람이라는 믿음, (4) 남들이 하는 대로 따라가는 것이 항상 바람직하다는 믿음이다. 이번 장에서는 이렇게 왜곡된 믿음을 대체할 현실적인 생각에 대해 조금 더 자세히 다룰 것이다.

◇ 남의 기분을 맞추고
　챙겨야 한다는 믿음

'자나비다' 사고방식

자책하기: "남을 우선할 줄 모르면 욕먹어도 싸."

나쁜 면에 집착하기: "지금 도와주지 않으면 전에 내가 도와줬던 일도 다 물거품이 될 거야."

비관적으로 예측하기: "거절하면 분명 나를 싫어하고 관계가 깨지겠지."

다 나쁘게 생각하기: "이기적으로 굴면 모든 게 엉망이 될 거야."

현실적인 생각: "가끔 이기적으로 생각하는 건 아무 문제 없고 때로는 필요한 일이야."

이기적인 태도는 언제나 나쁘다

어린 시절부터 주입되는 이런 생각은 피플 플리저의 주춧돌이 된다. 순종적인 어린 시절에 '나를 우선시하는 사람은 나쁜 사람이나 마찬가지야'라고 배우면 항상 남을 먼저 챙겨야 한다는 강박적 사고 패턴이 형성된다. 친구와 함께 노는 동안

에도 이런 생각의 씨앗이 생길 수 있다. 좋아하는 장난감을 두고 다른 아이와 밀고 당기면 엄마가 "그러지 말고 양보해야지. 그래야 착한 아이지?"라고 가르친다. 배운 대로 행동하면 착한 아이라고 칭찬받는다. 아이는 이렇게 나보다 남을 우선시할 때 보상이 따른다는 사실을 발견하고 인정과 사랑을 얻기 위해 계속 피플 플리저를 자처한다.

근본적 교훈을 거스르고 나를 우선시하면 어떤 일이 일어날까? 어린 시절에는 좋아하는 장난감을 친구에게 양보하지 않는 행동을 하면서 자신의 '선함'을 시험해 보기도 한다. 내 주장을 관철하려다가도 온갖 회유를 받고 끝내 죄책감에 포기하는 경우도 있다.

"친구가 슬퍼하잖니."

"그런 행동을 하면 나쁜 아이야."

이런 경험을 통해 남을 배려하지 않으면 당연히 죄책감을 느껴야 한다는 생각이 몸에 밴다. 결국 어른이 되어서도 내 건강을 먼저 챙기거나 안위를 생각하는 등 나를 우선시하면 마음이 불편해진다.

"이기적으로 굴지 마라"라는 순수한 가르침은 이렇게 '나를 우선시하면 나쁜 사람이 된다'는 자기파괴적 신념으로 변질된다. 나를 우선시해서 죄책감을 느끼고 남을 먼저 생각할 때 인정받는다고 느끼는 것은 피플 플리저 습관을 끊지 못하는 큰 원인이다.

피플 플리저의 패턴에서 벗어나려면 이기적인 태도에 대한 고정관념을 재정립해야 한다. 여기서 '이기적'이란 남에게 폐를 끼치는 것이 아니라 말 그대로 나에게 집중하고 나를 우선시하는 것을 의미한다. 내 욕구와 니즈를 잘 파악하고, 남을 만족시키려는 생각에 내 욕구와 니즈를 포기하지 않고 사수할 만큼 나를 충분히 존중하는 것이다. 이기적인 태도가 항상 나쁜 것은 아니다. 살다 보면 이기적으로 행동해야 할 때가 있다. 그 이유를 살펴보자.

내가 온전한 상태가 아니면
남에게 제대로 도움을 주지 못한다

사람들이 나를 필요로 할 때 도움의 손길을 건네고 인간관계를 키워가는 것은 좋은 일이다. 하지만 세상사가 다 그렇듯 모든 일에는 균형이 중요하다. 봉사와 같은 숭고한 일도 마찬가지다. 남을 우선시하는 내 습관이 나뿐만 아니라 주변 모두에게 해로운 영향을 미칠 때도 있다.

피플 플리저는 주변 사람을 위해 지나치게 자신을 희생하면 오히려 상대에게 도움이 진짜 필요할 때 도와줄 수 없다는 사실을 자각하지 못한다. 항상 지치고 수면 부족에 시달리고 남을 챙기느라 스트레스에 짓눌리면, 의욕을 잃고 병에 걸려 일은 물론이고 친구, 가족에게 무심해지는 것은 시간 문제다. 먹고 자고 쉴 시간을 충분히 내지 않으면 남에게 관심을 갖고 기꺼이 도울 역량이 사라질 정도로 큰 문제가 생기게 마련이다. 지나치게 이타적인 태도를 견지하다 보면 소중한 사람들을 효과적으로 도울 수 없는 상태에 빠질 수도 있다.

예를 들어보자. 샌드라는 지칠 줄 모르는 엄마이자 열정적인 사업가다. 가족을 먼저 챙기는 엄마이자 성공한 커리어우먼이 되고 싶었던 샌드라는 잠을 포기하고, 종종 끼니를 건너뛰고, 운동과 휴식은 뒤로 미뤘다. 가족과 직원들의 요구를 맞춰줄 시간을 내려면 어쩔 수 없었다.

몇 년이 흘렀다. 샌드라는 건강하지 못한 생활 습관 탓에 심각한 스트레스성 궤양이 생겼고 수술을 받기 위해 입원했으며, 의사는 요양을 권고했다. 주변 모두를 도우려는 열의에 불탔지만, 결국 그 누구를 위해서도 아무것도 할 수 없는 처지로 전락한 것이다.

역설적이지만 진정으로 의미 있게 상대를 도우려면 약간 이기적으로 굴고 나를 우선시하는 요령을 터득해야 한다. 자신과 건강을 위한 시간을 먼저 내면 사람들이 나를 필요로 할 때 도움을 줄 수 있다. 이기적인 행동을 통해 자아감을 회복하고, 이렇게 얻은 새로운 에너지를 다른 영역에 투자할 수 있다. 바란건대 당신 자신에게 투자한다면 더 좋겠지만, 남에게 투자하더라도 내 역량을 온전히 발휘할 수 있기에 더 효과적으로 상대를 도울 수 있을 것이다.

나를 책임질 사람은 나뿐이다

진정한 의미에서 나를 돌볼 수 있는 사람은 나뿐이므로 이기적인 태도는 필요 불가결하다. 물론 주변에서도 건강한 식생활을 하라고 조언하거나, 식사를 차려주거나, 운동을 하라고 격려하거나, 건강이 좋지 않을 때 병원에 데려다줄 수 있지만 이런 일은 모두 외부에서 일어나는 것들이다. 몸을 위해 건강한 음식을 먹고, 의지를 발휘해 규칙적으로 운동하고, 병원에 가라는 몸의 신호를 눈치챌 수 있는 것은 자신뿐이다. 이런 신호를 계속 무시하면 남을 돕는답시고 내 생존을 위협하는 셈이다.

잊지 말자. 나를 대신해 이런 일을 해줄 사람은 없다. 나만큼 내게 신경 쓸 수 있는 사람도 없다. 남은 내가 아니고, 실질적인 영향을 받지 않기 때문이다. 필요할 때 부모나 형제가 도와줄 거라 믿는 사람도 있다. 물론 실제로 도와줄 수 있겠지만 부모와 형제가 모든 시간과 노력을 내게 기울일 수는 없다. 나를 위해 이런 일을 할 수 있는 사람은 나뿐이기에 죄책감을 느끼지 않고 나를 챙겨야 한다. 남을 우선적으로 챙기기보다 자기 보호가 먼저여야 하는 것이다. 일상에서는 잊기 쉽지만 모든 인간의 제1 목표는 자신을 보호하는 것이다.

이기심은 무책임하거나 남을 챙기지 않는 것과 동의어가 아니다

주말에 반나절 정도 집안일을 미루고 쉰다 해서 게으른 사람이 되는 것은 아니다. 친구가 초대한 모임에 가지 않는다고 해서 친구와 절교하는 것은 아니다. 나를 돌보려고 남에게 쓰는 시간을 제한하는 것과 무신경하고 무심한 사람이 되는 것은 서로 다르다.

에너지를 재충전하기 위해 필요하다면 약속에 빠지거나 남의 기대를 저버려도 된다고 내게 말해주자. 세상은 흑백으로 돌아가는 게 아니다. 이기적인 태도를 백 퍼센트 부정적인 것으로 볼 수는 없다. '이기심'이라는 단어에 따라붙은 잘못된 고정관념 때문에 회피하라고 배워온 것뿐이다.

물론 자기중심적 생각과 개인적 이득을 위해 남을 이용하려는 나쁜 이기심도 있다. 이런 이기심은 도움이 되기보다는 파괴적인 결과를 낳는다. 그러나 이런 이기심은 예외에 속하며, 여기서 이야기하는 종류의 이기심과는 거리가 멀다.

적절한 범위 안에서 나를 우선시하고, 남에게 폐를 끼치지 않는 선에서 나를 보호하는 이기심이 필요하다. 가끔은 내 니즈를 (특히 남의 사소한 요구보다는) 우선시하도록 하자. 긍정적 이기심은 '자신을 돌볼 줄 모르는 피플 플리저'라는 스스로 야기한 파괴적 성향에서 나를 구해줄 것이다.

위에 언급한 내용에 따라 이기심에 대한 고정관념을 재정립하고, 동시에 이기적으로 행동하는 방법을 살펴보자.

내 몸을 우선시하자

피플 플리저처럼 살면 신체 건강에 무리가 간다. 집과 직장에서 모든 일을 도맡고 사람들의 요구를 맞춰주다 보면 잠이 부족해지고, 운동할 시간이나 기력이 없고, 건강에 좋지 않은 기름진 배달 음식에 의존하게 된다. 이런 패턴을 지속하면 사소한 감기부터 심각한 심장병까지 온갖 질병에 취약해진다. 피플 플리저를 계속 자처하다가 말 그대로 죽을 수도 있는 지경에 다다르는 것이다.

내게는 몸에 돌이킬 수 없는 피해가 가기 전에 내 건강을 챙길 의무가 있다. 앞으로는 '나와 남 중 누구를 우선시할 것인가'라는 갈림길에 서면 건강을 기준으로 판단하길 바란다. 상대의 요구를 들어줄 경우, 몸에 무리가 가서 전반적으로 건강이 나빠질 것 같다면 요구를 거절해야 한다. 다시 말해, 내 건강을 기준으로 운동이나 수면 패턴에 방해가 된다면 상대의 요구를 사양하자. 나를 위한 시간을 내고, 건강한 식사를 차려 먹고, 충분히 쉬고 자며, 규칙적으로 운동할 수 있도록 거절하는 법을 익히자.

나에게 꼭 필요한 자기돌봄 활동을 위해 매일 일정 시간을 비워두고 사회적 요구에 영향받지 않도록 사수하자. 이 시간은 다른 누구도 아닌 나만의 시간이다. "운동해야 해서/장 봐야 해서/쉬어야 해서 그 업무/모임/약속에 참여하는 건 곤란하다"라고 말하는 데 익숙해져야 한다. 긍정적 이기심을 발휘하자. 건강이 흔들리면 다른 모든 것도 위태로워진다.

내 마음을 우선시하자

현대인의 삶에는 각종 스트레스 요인이 수반된다. 자기돌봄 self-care이라는 개념은 몸의 건강뿐만 아니라 정신 건강을 가꾸는 데도 중점을 두고 있다. 어떤 행동을 할지 결정할 때는 신체 건강과 더불어 정신 건강이 또 다른 기준이 되어야 한다. 상대 요구를 들어주면 불행, 긴장, 불편을 느끼는가?

친구가 주말에 큰 파티를 연다며 나를 초대했다고 치자. 친구의 성향으로 미루어보아 사람들로 붐비는 소란스러운 파티일 게 분명하다. 그런데 나는 그런 분위기가 싫다. 어차피 즐거운 시간을 보내지 못할 거라면 내 정신 건강을 위해 할 수 있는 최선의 선택은 예의 있되 단호하게 초대를 거절하는 것이다. 명심하자. 파티 초대를 거절하는 건 친구 자체를 거절하는 것과 다르다. 주말에 푹 쉬면서 마음의 평화를 유지하는 것도 충분히 의미 있는 일이다.

피플 플리저는 콤플렉스, 무가치감, 남을 거절할 때의 지나친 불안과 죄책감, 자신에 대한 비현실적 기대, 좋은 사람의 조건에 대한 왜곡된 관념 등 심리적인 괴로움을 겪는다. 신체적, 정신적으로 자신을 돌본다는 생각만 해도 죄책감에 젖기도 한다. 남을 도울 때 부정적인 감정이 든다면 그런 일은 그만두도록 하자.

내 욕구를 존중하는 법을 배우자. 남의 요구를 그대로 들어주지 않으면 사랑과 인정을 받을 자격이 없다고 말하는 머릿속의 해롭고 자기파괴적인 생각에 휩쓸리지 않도록 연습하자. 피플 플리저 성향에 얽힌 행동, 사람, 충동을 피해야 한다. 나를 진정 사랑하고 인정하는 사람은 나를 향한 애정과 인정에 조건을 붙이지 않는다. 요구를 거절하거나 단호하게 행동했다는 이유로 나를 거부하거나 애정을 거두는 일은 없으니 안심하자.

무엇보다도 나를 우선시하는 것을 부끄러워하고 자책하지 말자. 내 마음을 잘 돌보기 위해 충분할 만큼 이기적으로 사는 것은 꼭 익혀야 하는 생존 능력인 반면, 피플 플리저를 자처하는 것은 해롭고 파괴적인 습관이다. 어떤 습관을 기를 것인가는 내게 달려 있다.

◇ **사랑과 인정을 받을
자격이 없다는 믿음**

자나비다 사고방식

자책하기: "내 본연의 모습은 정말 별로야. 아무도 나를 좋아하지 않는 건 내 탓이야."

나쁜 면에 집중하기: "좋은 점이 조금 있더라도 그건 중요치 않아. 변덕스러운 성격만으로도 사람들이 날 피할 테니까."

비관적으로 예측하기: "남들이 원하는 걸 해주지 않으면 아무도 나를 사랑하고 인정하지 않을 거야."

다 나쁘게 생각하기: "나는 최악의 인간이야. 사람들이 나를 견뎌주는 게 신기하다니까."

현실적인 생각: "나는 내 모습 그대로 사랑과 인정을 받을 자격이 있어."

사랑받을 자격이 없다는 생각은 피플 플리저의 행동 뒤에 숨겨진 또 하나의 동기다. 사람은 자신이 부족하다고 느끼면 내면의 공허를 남의 인정으로 메우려 한다. 피플 플리저를 자처하는 것이야말로 주변 사람에게 가치, 존중, 사랑을 받을 유일한 길이라 믿기에 항상 남을 우선시한다. 남에게 도움이 되어야 내가 가치가 있고, 상대를 만족시키지 못하면 가치가 없다고 믿는다.

이렇게 왜곡된 믿음은 어떻게 뜯어고쳐야 할까? 핵심은 나라는 사람을 새로운 관점에서 보는 것이다. 내 진정한 모습을 깨닫고, 내 장점을 인지하고, 완벽해야만 가치가 있는 사람은 아니라는 사실을 깨달아야 한다. 그렇게 하면 상대의 인정과 애정에 휘둘리는 대신 자신을 받아들이고 사랑할 수 있다. 자신감을 쌓고 내게 중요한 일에 집중하면 인정 욕구로부터 자유로워지고, 남의 기분을 맞출 때만 내가 가치 있는 사람이라고 느끼는 일이 줄어든다.

내 본연의 모습을 인정하는 과정은 쉽지 않다. 심리 상담사 폴 돌턴Paul Dalton이 제시한 아래 원칙을 적용하면 도움이 될 것이다.

사람은 자신의 생각대로 산다

내가 세상을 경험하는 방식과 나에 대한 감정은 모두 내 생각에 달려 있다. 남을 우선시해야 세상이 나를 인정할 거라 믿으면 그 생각을 뒷받침하는 증거만 보이게 마련이다. 남의 인정을 받아야만 행복할 수 있다고 믿을 경우, 남의 인정에 목말라하고 인정받지 못하면 불행하다고 느낀다. 모두의 인정을 받아야 행복하다고 믿는 세라를 예로 들어보자.

세라는 남을 먼저 챙길 때마다 감사의 말을 듣고, 그러면서 행복을 느낀다. 상대가 자신에게 불만을 갖거나, 상대에게 인정받지 못하면 불행을 느낀다. 하지만 세라가 불행한 것은 간혹 자신을 인정하지 않는 사람들이 있어서가 아니라, 모두의 인정을 받지 못하면 행복할 수 없다는 자신의 믿음 때문이다. 행복은 밖에서 온다는 그의 잘못된 믿음이 모든 것을 망치는 주범이다.

세라의 사고방식에서 결점을 지적하는 건 쉽지만, 자신의 왜곡된 믿음을 알아차리는 것은 어렵다. 내 신념이 왜곡되어 있는지 파악하는 방법은 관계, 행복, 나를 향한 믿음과 생각에 관한 의문을 떠올려보는 것이다.

스스로에게 물어보자. "나는 행복해지기 위해 어떤 일을 할까?" 또는 "나는 인간으로서 내 가치에 대해 어떻게 생각할까?" 자기인식의 과정이라 여기고, 생각을 명확히 정리할 수 있게 답을 글로 적어두자.

좋은 것은 모두 내면에 있다

소셜 미디어를 통해 사회적 신분을 뽐내고 내 삶을 남들과 비교하기 쉬워진 현재 사회에서는 보상, 명성, 경제적 성공, 물질적 자산 등 가치 있는 것은 모두 외부에 있다고 믿기 쉽다. 돌턴은 이처럼 자기가치감과 인정을 느끼기 위해 외부 요인에만 의존하는 자아를 가리켜 '학습된 자아'라 한다.

학습된 자아는 나와 진정한 나, 즉 무조건적 자아를 서로 떼어놓는다. 무조건적 자아는 지금까지 내가 겪은 모든 비판과 트라우마의 영향을 받지 않은 순수한 본연의 모습이며 진정한 나 자체를 의미한다. 이 자아는 모든 외부의 인정과 물적 성공에 상관없이 지금 내 모습 그대로 충분하고 가치 있다는 것을 안다. 즉, 좋은 것은 모두 내면에 있고, 진정한 행복은 오로지 자기 자신 안에서만 찾을 수 있다.

가치 있는 사람이라고 느끼기 위해 남의 인정을 추구하는 것을 멈추려면 무조건적 자아를 되살려야 한다. 무조건적 자아를 되살리는 방법은 잠깐 쉬고, 머리를 비우고, 혼자만의 시간을 갖는 것이다. 나의 깊은 내면과 자유롭게 소통할 수 있는 평온한 장소에 가서 긴장을 풀자. 사회 압박 탓에 주변을 만족시키려는 모습이 아닌 내 본모습을 발견하자.

나와의 관계는 다른 모든 관계를 결정짓는다

자신과의 관계는 삶의 다른 모든 요소에 영향을 미친다. 나를 탓하고, 질책하고, 항상 최악의 면만 보는 등 자신과 부정적인 관계를 맺는다면 내가 스스로에게 주지 않는 인정과 사랑을 밖에서 갈구하게 된다. 그렇게 되면 내 절박한 인정 욕구를 이용하려는 사람들과 가학적이고 유해한 관계를 맺기 쉽다.

자신을 낮게 평가하고 사랑받을 자격이 없다고 믿는다면 배우자의 학대도 감내할 가능성이 크다. 오랫동안 자신에게 모질게 대했기에, 상대가 그와 비슷한 언어적, 감정적 학대를 해도 마땅하다고 느끼는 것이다. 가치감과 애정을 갈구하느라 나를 이용하는 사람들조차 계속 만족시키려 노력한다. 이렇게 자기파괴적인 패턴에서 벗어나려면 자신에게 온정과 친절을 베풀어야 한다.

내가 나의 좋은 친구가 되도록 노력하자. 실수를 저지르거나 남이 불만을 표시할 때마다 내게 가장 먼저 손가락질하는 사람이 되지 말자. 나를 부드럽게 대해주자. 일이란 망칠 수도 있는 거고, 남의 행복은 내 책임이 아니며, 무엇보다도 나를 우선시해도 된다는 것을 명심하자.

나를 먼저 용서하고 사랑하는 법을 배우면 남의 인정과 애정에 대한 욕구가 줄어든다. 남을 만족시키면 잠깐 기분 좋은 정도로 끝나지만, 나를 사랑하면 더 오랫동안 행복을 누릴 수 있기 때문이다.

자존감을 높이기 위한 또 한 가지 방법은 목록을 써보는 것이다. 목록 하나에는 내 장점, 다른 목록에는 내가 이룬 일에 대해 쓰면 된다. 장점 목록에는 "창의적임", "집중력이 좋음", "소통을 잘함", "끈기 있음", "정직함" 등의 자질을 쓰자. 내가 이룬 일의 목록에는 "최고의 프로젝트에 선정됨", "팀이 연말 목표를 달성하도록 관리함", "자선 전시회를 기획함" 등이 있다.

이렇게 목록을 적어두면 평소 불안과 싸우느라 간과했던 내 재능과 능력, 자질을 한눈에 파악할 수 있다.

목록에 적을 내용이 잘 생각나지 않는다면 나를 응원해 주는 친구나 가족의 도움을 받자. 애초에 스스로 가치 있는 사람이라고 느낀 적이 없다면 내 장점을 파악하기도 쉽지 않을 것이다. 이럴 때 내 장점을 더 객관적으로 봐주는 사람이 있으면 큰 도움이 된다. 손닿는 곳에 목록을 두고 매일 아침 읽어보며 (사람들이 인정하든 아니든) 내가 지닌 장점을 되새기자.

끝으로 스스로의 지나친 기대 탓에 불안과 무가치감을 느낄 가능성도 점검해야 한다. 스스로 완벽한 부모, 자식, 형제,

친구, 이웃, 직장 동료가 되어 모두를 만족시키며 원만한 관계를 유지하는 사람이 되고 싶은가? 그렇다면 실패하는 게 당연하다. 아무리 노력해도 성에 차지 않을 것이다. 현실적으로 모든 사람과 완벽한 관계를 유지하는 사람은 없기 때문이다.

더 이상 무가치하고 부족하다는 느낌에 사로잡히기 싫다면 스스로 세운 기준을 현실적으로 조절해야 한다. 부모, 친구, 동료 등 내가 맡은 역할의 목록을 만들자. 그리고 내가 각 역할에 대해 세운 목표를 적어보자. 각 역할에 따른 내가 할 수 있는 일, 해야 하는 일에 관한 완벽주의적인 목표를 현실적인 목표로 바꾸자. 그렇게 하면 모두를 만족시킨다는 불가능한 기준에 맞추느라 무리하는 대신 현실적인 목표를 달성할 때마다 보람을 느낄 것이다.

◇ 자기주장을 내세우면
공격적인 사람이라는 믿음

자나비다 사고방식

자책하기: "괜히 내 목소리를 내서 다 망쳤네."

나쁜 면에 집중하기: "나서는 건 쓸데없는 짓이야. 괜히 사람들 사이에 긴장감만 높아지니까."

비관적으로 예측하기: "내 목소리를 내면 남들과의 관계를 망치게 될걸."

다 나쁘게 생각하기: "단호하게 내 의견을 내면 매정한 사람이 되잖아."

현실적인 생각: "내 의견을 강하게 주장하더라도 좋은 사람이 될 수 있어."

피플 플리저 성향은 자기주장을 내세우면 자신의 니즈와 욕구를 남들 앞에서 공격적으로 드러내는 사람이 된다는 믿음에서 비롯하기도 한다. 이러한 사람으로 비치기 싫어서 남들이 하자는 대로 따라가고 내 목소리를 내지 않는다. 즉 '자기주장을 한다'를 '내 욕구와 니즈를 주변에 강요한다'로 믿고, 그런 사람이 되고 싶지 않은 것이다.

이처럼 피플 플리저의 극단적 생각은 문제가 있다. 그래서 자기주장을 내세운다는 것이 어떤 의미인지 다시 살피고 개념을 재정립해야 한다. 이는 상황에 따라 자기 목소리를 내고 나를 옹호하는 것을 의미한다. 공격적이거나 거만하게 구는 것이 아니라, 자기 확신을 갖고 자신감 있게 행동하는 것이다.

자기 생각을 강하게 낸다고 해서 공격적인 사람이 되는 것은 아니다. 사실 이는 주변 사람과 생산적이고 만족스러운 관계를 키워가는 데 꼭 필요한 자질이다. 자기주장은 공격성과 다르다는 사실을 깨달아야 한다. 공격성은 지나친 힘을 사용해서 상황을 악화할 수 있는 반면, 자기주장은 까다로운 상황을 정리하고 해결할 수 있다.

상사가 근무 평가 점수를 공정하지 않게 주었다고 치자. 편애하는 거냐고 강하게 따지는 것은 공격성을 드러낸다. 반면 재치 있게 우려를 표명하고 점수의 근거를 함께 검토하면 어떨지 부탁해 보는 것은 자기 생각을 피력한 해결 방식이다. 제대로 실천한다면 자기주장을 내세우는 행동은 관계를 망치기는커녕 오히려 진전시킨다.

물론 피플 플리저라면 자기주장 있게 행동하기가 쉽지 않다. 피플 플리저는 타고난 성격상 배려심 있고 온정적인 성격일 확률이 높기 때문이다. 얼핏 이와는 공존할 수 없는 자질이 아닌가 싶을 것이다. 하지만 자기주장이 강한 사람도 배려 있고 친절할 수 있다.

《온화한 자기주장 The Guide to Compassionate Assertiveness》을 쓴 행동치료

전문가 셰리 바브리체크Sherrie M. Vavrichek에 따르면, "온화한 자기주장이란 친절하고 배려 있게 자신의 목소리를 내는 것"이다. 셰리가 제시하는 온화한 자기주장의 예를 살펴보자.

황금률을 따르자

"내가 남에게 바라는 만큼 나도 남에게 해주어라"라는 말이 있다. 자기주장은 있되 배려를 갖추려면 그 원칙을 따르는 것이 좋다. 내가 상대에게 무언가를 부탁했는데 상대는 들어주기 싫었다고 치자. 이 경우, 나라면 상대가 속으로 화를 내면서 부탁을 들어주기보다는 부드럽고 요령 있게 거절해 주길 바랄 것이다.

반대 상황에서도 같은 논리가 적용된다. 내가 상대의 부탁을 들어주기 어려울 경우, 상대는 내가 부드럽되 분명하게 거절의 뜻을 표하길 바랄 가능성이 크다. 속으로 이를 갈면서 자기 요구를 들어주길 바라지는 않을 것이다.

내 감정을 거스르면서까지 상대를 도우면 관계가 좋아질 거라 기대할지 모르지만, 사실 내 생각을 자신 있게 말하지 않으면 울화와 악감정이 쌓여서 오히려 관계가 나빠진다. 나, 상대방, 둘 사이의 관계를 위한 최선은 자기주장은 내세우되, 배려하며 행동하는 것이다.

모두 이익을 보는 해결책을 찾자

피플 플리저는 나와 상대의 니즈와 욕구가 빚는 갈등 때문에 괴로워한다. 남을 만족시키려고 내 욕구를 무시해서 결과적으로 자기파괴적 패턴에 빠지는 것이다. 이런 상황에 대처하려면 나와 상대가 모두 만족할 해결책에 도달하는 것을 목표로 내 주장을 펴는 법을 배워야 한다. 내 욕구를 존중하는 동시에 상대의 우려를 인지하자. 서로에게 도움이 되는 대안을 제시하면 금상첨화다.

직장 동료가 교대 근무를 대신 맡아달라고 부탁했는데 이미 선약이 있다면 어떻게 할까? "교대를 대신 서줄 사람이 정말 필요하겠네. 그런데 난 선약이 있어서 조금 곤란한데. 혹시 다른 사람이 시간이 되는지 물어봐 줄까?" 이렇게 대처하면 자신의 의견을 솔직하게 말하면서도 동료에게 필요한 도움을 줄 수 있다.

위 예시에서 보듯, 자기 생각을 확실하게 말하고도 친절하고 남의 상황에 공감하는 좋은 사람이 될 수 있다. 잠자코 입을 다물고 남의 요구를 항상 들어주어야만 좋은 사람으로 인정받는 것은 아니다. 자기주장을 한다는 것이 어떤 의미인지, 일상에서 어떻게 실천할지 곰곰이 생각해 보자. 그러면 곧 피플 플리저 성향에서 벗어나 필요할 때 내 입장을 고려해서 생각을 드러낼 수 있을 것이다.

◇ **항상 다른 사람들을 따라야 한다는 믿음**

자나비다 사고방식

자책하기: "다들 그렇다는데 나만 동의하지 못하는 건 내 잘못이야."

나쁜 면에 집중하기: "다른 말을 꺼냈다가 혹시라도 분위기가 엉망이 되면 어떡해."

비관적으로 예측하기: "동의하지 않으면 내가 감당할 수 없는 갈등만 생길 거야."

다 나쁘게 생각하기: "의견이 부딪히는 갈등 상황은 절대 겪고 싶지 않으니 사람들 기분을 맞춰주는 도리밖에 없어."

현실적인 생각: "적절한 방식으로 갈등에 대처하고 정면 승

부하는 법은 배워서 실천할 수 있어."

피플 플리저는 남의 말을 거절하거나, 내 의견과 감정을 표현하거나, 내가 원하는 바를 자신 있게 주장하지 못하는 것이 특징이다. 모두를 만족시키고 싶어서 내 의견을 내지 않고 남들이 바라는 대로 맞춰준다. 모두를 만족시킬 생각이 없더라도 갈등을 지나치게 두려워해서 같은 상황에 빠진다.

단 한 사람의 신경도 거슬리게 할까 봐 두려운 나머지 목소리를 내는 대신 입을 다문다. 분란을 일으키고 싶지 않아서 다른 사람들의 요구에 따른다. 갈등과 정면 승부에 대한 두려움은 피플 플리저 성향의 원인 중 하나이므로, 전형적인 피플 플리저가 되지 않으려면 이런 두려움을 극복하는 법을 배워야 한다.

갈등과 정면 승부에 대한 두려움을 극복하는 방법 중 하나는 노출 요법과 두려움 사다리를 활용하는 것이다.

노출 요법

노출 요법은 불안과 두려움을 야기하는 상황에 일부러 나를 노출하는 방법이다. 불안도가 낮은 상황부터 높은 상황까지 단계적으로 경험하면 된다. 이는 두려움과 불안에 무뎌지고 문제를 극복할 때까지 불편감을 경험하도록 해준다.

노출 요법은 특정 동물(뱀, 개, 거미 등)이나 상황(높은 곳, 엘리베이터, 붐비는 곳) 등 다양한 두려움과 공포를 극복하는 데 도움이 된다. 피플 플리저에서 탈출하는 노출 요법은 상대의 요구를 거절하고 자기 의견을 내는 데 걸림돌이 되는 갈등 상황에 대한 두려움을 누그러뜨리는 데 집중한다.

이는 대개 상담 전문가들이 진행하지만 원리를 활용해서 혼자 연습해도 좋다. 대치 상황에 대한 두려움에서 벗어나 결과적으로 피플 플리저 성향을 없애는 데 도움이 될 것이다.

노출 요법을 실천하려면 갈등과 대치의 상황에 뛰어들어야 한다. 하지만 이런 상황에 처하는 것은 드문 일이기에 갈등 상황을 스스로 만들 필요가 있다. 이 때문에 길에서 마주친 사람에게 싸움을 걸어야 하는 건 아닐까 넘겨짚기 전, 노출 훈련은 세심하게 선정한, 상식적이고 점진적인 과제로 이루어져 있다는 점을 기억해 두길 바란다. 갈등을 죽도록 두려워하는 사람이라면 소소한 불안에서 큰 두려움에 이르기까지 단계적으로 상승하는 상황에 자신을 노출하고 단호한 태도를 연습하는 것이 큰 도움이 된다.

나만의 두려움 사다리

두려움 사다리란 불안과 두려움을 일으키는 상황을 강도 순으로 정리한 목록이다. 내가 겪은 두려운 상황과 경험을 바탕으로 내게 맞는 두려움 사다리를 만들어보자. 만든 목록에 따라 두려움을 극복하는 연습을 한다.

사다리의 맨 아래에는 소소한 불안을 야기하는 상황을 적어본다. 예를 들면, 슈퍼마켓에서 뒷사람이 조금 기다리도록 하는 상황이다. 이를 극복하기 위해 다음과 같이 연습할 수 있다. 계산대에서 뒷사람이 기다리는 동안 일부러 천천히 돈을 내고 거스름돈을 확인한다. 노골적인 갈등이 벌어지는 것은 아니지만 나와 다음 사람, 또는 계산대 직원 사이에 소소한 갈등이 생길 수 있다. 하지만 본격적인 말싸움이 벌어질 가능성도 작을 것이다. 이를 반복하다 보면 평소보다 오래 시간을 끌 때 생기는 긴장을 견디기 쉬울 것이다.

사다리를 오르다 보면 나를 괴롭히던 사람과 정면 승부를 하는 등 심각한 갈등 상황에서 내 주장을 펼 수 있게 된다. 이런 상황에서는 달갑지 않은 상대와 다툼이 벌어지게 마련이다. 이처럼 높은 긴장을 견뎌야 하는 상황은 사다리 꼭대기에 배치하자.

두려움 사다리는 쉬운 과제부터 어려운 과제까지 점진적으로 올라가야 한다. 첫날은 계산대에서 시간을 끄는 훈련을 하고, 둘째 날 바로 불쾌한 상대와 맞서는 것은 바람직하지도 않고 효과도 없다. 갈등 상황이 유발하는 불편감에 대한 내성이 쌓이도록 점차 난도가 올라가는 일련의 단계를 밟아 올라가야 한다.

다음에 소개하는 구체적 갈등 상황과 두려움 사다리를 참고해 불안 유발도가 가장 낮은 첫 번째부터 차례로 실천해 보자. 각 단계의 갈등이 편안하게 느껴지고, 나와 상대에게 부담을 주지 않는 선에서 해당 과제를 수행할 수 있다는 자신이 생기면 다음 단계로 나아간다.

아래 목록은 어디까지나 예시라는 것을 염두에 두자.

1. 계산대에서 지갑을 뒤적이며 신용카드를 전달하는 데 시간을 끈다.
2. 점원에게 비슷한 두 제품의 차이점을 설명해 달라고 한 다음 어느 쪽을 살지 오랫동안 고민한다.
3. 제품을 써보라거나 서비스를 업그레이드하라는 직원의 권유를 거절한다.

4. 교대 근무를 대신해 달라는 동료의 부탁을 거절한다.

5. 식당에서 주문한 음식이 잘못 나오거나 문제가 있으면 돌려보낸다.

6. 식당에서 식기를 떨어뜨릴 때마다 다시 갖다달라고 요청한다.

7. 친구가 빌려간 물건을 돌려달라고 말한다. 그 물건이 필요한 날짜를 구체적으로 전한다.

8. 동료의 생각이나 계획에 동의하지 않을 때는 대놓고 말한다.

9. 시스템 오류로 부과된 연체료를 감면해 달라고 담당자에게 요구한다.

10. 시끄러운 이웃에게 소음을 줄여달라고 말한다.

11. 상사가 준 인사고과에 이의를 제기한다.

12. 잘못만 꼬치꼬치 지적하는 친구에게 항상 부정적으로 굴지 말라고 말한다.

13. 상사에게 앞으로 회사 사람들 앞에서 내게 망신을 주지 말라고 말한다.

위 목록에 내가 시도해 보고픈 갈등 상황이 이미 포함되어 있다면 스트레스 강도에 따라 순서를 바꿔도 좋다. 종류나 순서가 위 목록과 달라도 상관없다. 실제 일상에서 갈등 상황을 재현하기가 어렵다면 머릿속으로 시나리오를 그려봐도 된다. 하지만 상황이 허락할 때마다 실제로 이런 갈등을 경험하는 것이 가장 효과적이다.

노출 치료의 원리

노출 치료의 기저 원리는 갈등 상황에 강제로 노출되어 불편, 분노, 불안, 두려움 등을 속속들이 경험하면 감정을 감내하고 수용하기가 점점 쉬워진다는 것이다. 상황이 만들어내는 불편한 감정을 편안하게 견디게 되면 비로소 갈등을 성공적으로 관리했다고 볼 수 있다.

그런 경지에 이르려면 갈등이 일어날 때마다 회피하지 말아야 한다. 그러면 생각했던 것만큼 나쁜 상황이 펼쳐지지도 않았고, 스스로 잘 버텨냈음을 느낄 것이다. 이후 같은 상황에 처해도 부정적인 결과가 일어나지 않으리라는 것을 짐작하기에 불안과 두려움이 누그러든다.

두려움 사다리에 정리해 둔 상황에 노출되면, 갈등에 직면했을 때 찾아오는 불편한 감정과 두려운 생각을 경험할 것이다. 지갑에서 카드를 찾지 못해 마트 계산대에서 기다리는 줄이 길어지면 불안하고, 부끄럽고, 긴장된다. 하지만 이런 감정을 견디고 얼른 자리를 비키라는 압박에 굴하지 않으면, 아무리 많은 눈이 나를 노려봐도 세상이 끝나는 건 아니라는 사실을 깨닫는다. 최악의 경우하고 해봤자 뒤에서 "얼른 좀 합시다"라고 한 소리 듣는 정도다.

이 원칙은 모든 과정에 적용된다. 연습하다 보면 세상이 끝날 것처럼 겁먹지 않고서 상대의 요구를 거절하고, 내 생각은 다르다는 것을 표하고, 부적절한 대우에 맞서 목소리를 낼 수 있다. 또한 경험이 쌓이면 갈등 상황이 아무렇지 않을 것이다. 두려운 상황이 펼쳐지는 시나리오에 나를 서서히 노출하면 갈등과 대치에 따르는 불편을 더 효과적으로 감내할 수 있다.

갈등 상황을 경험하는 동안 긴장 완화 요법을 병행하는 것도 좋다. 가슴이 두근거리고 손이 차가워지고 땀이 솟고 호흡이 가빠지는 것이 느껴지면 심호흡을 통해 몸의 불안 신호를 극복해 보자. 의식적으로 더 깊이, 천천히 호흡하자. 코로 다섯까지 세면서 숨을 들이마시고, 입을 오므리고 다섯까지 세며 숨을 내쉬자. 호흡을 의식적으로 이완하면 갈등 상황이 일으키는 불안 증상이 서서히 사라진다.

노출 훈련의 목표는 갈등과 대치 상황이 생각만큼 두렵지 않다는 사실을 이해하는 것이다. 친구의 파티 초대를 거절한다 해서 인간관계가 파탄에 이르거나 우정이 깨지지는 않는다. 영업 사원에게 제품을 구매하지 않겠다고 말한다 해서 사람이 죽는 것도 아니다.

다시 말해 노출 요법을 실천하면 상대에게 정면으로 맞서거나 심지어 갈등을 유발해도 별문제 없이 상황을 타개할 수 있다는 것을 깨닫는다. 상대의 요구를 거절한 직후의 불편감이 완전히 사라지지는 않더라도, 상황에 따라 남들과 갈등을 빚더라도, 그래도 괜찮다는 생각이 들 것이다. 연습하다 보면 점점 쉬워질 테니 희망을 갖자.

갈등과 대치 상황에 대한 두려움을 극복하는 법을 배우면 피플 플리저 성향에서 벗어날 수 있다. 다른 의견을 말하고, 부탁을 거절하고, 단호하게 행동한다면 누구에게나 피플 플리저처럼 굴지 않게 된다. 목소리를 내고, 나를 위한 최선의 선택을 하고, 내 행복을 사수하고, 내 삶을 풍요롭게 해주는 최선의 결정을 하는 법을 익히자. 상대의 시선을 끌고 기분을 맞추고픈 충동의 노예가 되지 말자.

그러다 보면 피플 플리저 성향을 떨쳐낼 수 있을 뿐만 아니라 자신에게 충실한 사람이 될 것이다.

요약 정리

- 평생 피플 플리저 노릇을 하며 형성되는 왜곡된 사고방식을 재정립해야 한다. 고정관념을 바꾸는 데는 인지행동요법이 효과적이다. 고정관념을 깨고 부정적 패턴을 인식하자. 쉽게 떠올릴 수 있도록 '자나비다'라는 머리글자를 활용하면 좋다. '자'는 자책하기, '나'는 나쁜 면에 집착하기, '비'는 비관적으로 예측하기, '다'는 다 나쁘게 생각하기를 가리킨다.

- 이기적으로 행동하자. 이기심은 언제나 나쁜 것이라는 고정관념이 있지만, 사실 사람은 남을 챙기고 싶을 때도 이기적으로 행동할 수 있어야 한다. 그래야만 내 역량을 전부 발휘할 수 있기 때문이다. 긍정적인 이기심은 남을 희생시키는 것이 아니라 내 몸과 마음을 중시하는 것이다.

- 자신을 인정하고 사랑해야 한다. 나와의 관계는 다른 모두와의 관계를 결정짓는다. 내게 온정적으로 대하자. 나를 존중하는 것은 내 선택에 달려 있다. 스스로 자신에게 불가능한 기준과 기대를 들이대기 때문에 어렵게 느껴질 뿐이다.

- 자기주장을 내세우는 것은 나쁜 일도, 남을 공격하는 태도도 아니라는 사실을 깨달아야 한다. 남의 입장이라면 어떻게 행동했을지 생각해 보고, 특정 상황에서 양쪽 모두 이익을 얻을 방법을 떠올려보자.

- 갈등 상황을 수용하고 편안하게 받아들여야 한다. 갈등에 대한 두려움을 극복하는 데는 노출 요법이 효과적이다. 내게 맞는 두려움 사다리를 만들어보자. 두려움 사다리를 오르다 보면 긴장에 익숙해지고, 두려움을 직시해도 나쁜 결과가 닥치지 않는다는 사실을 알게 된다.

4장 | 습관 바꾸기

: 나를 먼저 존중하는 법

앞서 살펴봤듯이 계속 피플 플리저처럼 행동하다 보면 자존감과 자신감이 떨어지고, 죄책감에 젖고, 갈등을 회피하게 된다. 그러면서 내 신념 체계 자체가 흔들릴 수 있다. 이 같은 부정적 감정은 나쁜 습관의 형성으로 이어진다. 습관은 눈앞의 상황에 대해 자동적으로 보이는 반응이다. 반사적으로 남을 만족시키고 봉사하려는 습관을 지닌 사람이 너무 많다. 지금부터 피플 플리저의 습관이 무엇인지, 그리고 어떻게 습관을 개선할지 알아보도록 하자.

자넬은 회사를 매우 싫어했다. 자넬이 보기에 모든 직원이 업무 대신 파벌이나 사회생활만 신경 쓰는 아첨꾼 같았다. 사내 문화는 건전하지 않았고 회전문처럼 입사와 퇴사가 반복되었다. 그럼에도 자넬은 8년간 근속했다.

왜일까? 회사의 상황에 익숙했기 때문이다. 회사에서 무슨 일이 일어나는지 의문을 품을 시간이 없었고, 떠맡은 책임도 많았다. 무리를 해서라도 회사 사람들을 돕지 않으면 쌓인 여러 문제 탓에 회사가 파산할 것 같았다(적어도 자넬은 그렇게 생각했다). 그러면 상황은 더욱 끔찍할 터였다. 자넬의 일상은 회사 일에 침범당했고 야근을 줄이려고 습관처럼 일과를 처리했다.

자넬은 회사 문화를 어떻게 발전시킬 것인가에 대해서는 전혀 의견을 내지 않았다. 흐름을 절대 바꿀 수 없다고 생각했기 때문이다. 대학을 갓 졸업하고 법률사무소에서 일할 때 어느 형사변호사가 자넬을 크게 꾸짖은 적이 있다. 자넬은 특정 유형의 사람들은 자신의 결정에 의문을 제기하는 것을 싫어한다는 사실을 뼈저리게 배웠다. 그 일은 오랫동안 기억에 각인되었고, 그는 어떤 분란도 일으키지 않으려 노력했다.

그러나 8년간 입을 다물고 있었던 자넬은 마침내 폭발했다. 회사를 그만둔 것이다. 더 이상 참을 이유가 없었기에 상사에게 왜 회사 문화가 엉망인지, 어떤 업무를 처리해야 하는지, 회사가 살아남으려면 어떻게 변해야 하는지 구구절절 이야기했다.

자넬의 사례는 (특히 계기가 되는 감정적 사건이 있을 경우) 나뻔 습관에 빠지기가 얼마나 쉬운지 보여준다. 문제를 못 본 척하고 의견을 내지 않는 습관 탓에 자넬은 8년간을 지옥 속에서 보내야 했다.

피플 플리저는 이런 운명에 사로잡힐 수밖에 없는 것일까? 내면에서 자동으로 일어나는 반응을 인지하고 습관을 바꾼다면 운명에서 벗어날 수 있다.

◇ **나를 알자**

가장 먼저 나를 인지하는 습관을 길러야 한다. 피플 플리저는 왜, 언제 자신이 피플 플리저를 자처하는지 모른다. 이 두 가지 요소에 대해 잘 모르면 역사는 반복될 뿐이다. 피플 플리저 성향을 발휘하는 이유를 이해해야만 문제를 피할 수 있다. 피플 플리저처럼 행동할 때 어떤 느낌인지 알면 나쁜 결과를 줄일 수 있기 때문이다.

우선 내 행동의 동기에 의문을 제기하는 데서 시작하자.

"왜 나는 이 사람을 위해 이렇게 애쓰고 있지?"

"나는 이 사람에게 진심으로 신경 쓰는 걸까, 아니면 이 사람이 없으면 무슨 일이 벌어질지 두려워서 이렇게 행동하는 걸까?"

"이 일을 내 자유의지에 따라 하는 걸까, 아니면 다른 누군가를 위해 하는 걸까?"

피플 플리저처럼 행동했을 때 수반되는 감정을 정확히 파악하자. 상대를 진정 존중하고 공감하는지, 아니면 그저 두려움과 죄책감 때문에 행동하는지 생각해 봐야 한다.

자신의 감정을 편견 없고 객관적인 관점에서 보는 것은 누구에게나 까다로운 일이다. 특히 피플 플리저라면 남의 관심사와 감정을 우선시하므로 내 감정을 존중하기가 더욱 어렵다. 감정을 마음속 깊은 곳에 넣어두는 것이다. 그렇기 때문에 남을 먼저 생각하기 전에 그 사실을 인지하는 과정은 매우 중요하다. 나를 알면 나를 바꿀 수 있다. 그러지 않으면 미처 몰랐던 감정에 계속 휘둘려서 내가 처한 상황을 제어할 수 없게 된다.

자기인지는 내가 남을 만족시키려고 지나친 노력을 기울이는 이유를 이해하는 데 도움이 된다. 정말 원해서인지, 아니면 그저 의무감에 그렇게 행동하는지 알 수 있다. 더불어 상황이 실제로 좋아지는지, 아니면 의도치 않게 악화되는지도 파악할 수 있다. 그러면 피플 플리저 성향을 발휘하기 전에 다른 선택을 내릴 기회가 보일 것이다.

상대를 위해 내키지 않는 일을 하기 전, 내적 거부감이 느껴지는 순간을 포착하자. 그리고 하려던 일을 멈추고 이 일을 하는 이유가 무엇인지 자문해 보자. 다섯 가지 '왜' 방법을 활용해도 좋다. '왜'가 들어가는 질문을 다섯 번 반복하면서 내가 마주한 진짜 문제를 파악하기 위해 스스로 답을 내는 것이다.

한 무리의 친구들과 캠핑을 자주 간다고 치자. 텐트를 치고, 식사 준비를 하고, 물품을 정리하는 등 준비는 대개 내가 도맡는다. 해결사를 자처하며 친구들이 캠핑장에서 즐거운 시간을 보내도록 애쓴다.

그런데 사실 나는 캠핑을 좋아하지 않는다. 여름 동안 네 번이나 캠핑을 가는 건 더욱 싫다. 다른 사람들은 즐거운 시간을 보내는 것 같지만, 나는 시원한 집에 들어앉아 와인을 마시며 넷플릭스를 보는 편을 훨씬 더 좋아한다.

이제 나 자신에게 물어보자.

"왜 나는 캠핑을 갈까?" 음, 친구들이 캠핑을 좋아하고, 친구들과 잘 지내고 싶으니까.

"왜 항상 굳이 캠핑을 가야 할까?" 다른 놀거리를 아직 제시하지 않았으니까.

"왜 내가 온갖 준비를 도맡을까? 하고 싶지도 않은데." 도움이 필요하다고 말한 적이 없고, 그 이야기를 꺼내느니 내가 일을 처리하는 편이 더 낫다고 생각하니까. 또는 그 일을 할 만한 사람은 나뿐이라고 생각하니까.

이렇게 '왜'라고 묻다 보면 문제의 뿌리가 드러나는 순간이 올 것이다. 그 순간이 계기가 되어 상황을 재고하고 피플 플리저 성향을 바꿀 수 있길 바란다.

◇ 자율성을 기르자

두 번째로 길러야 할 습관은 자율성이다. 피플 플리저 성향의 문제는 자신의 정체성을 무시해 버린다는 데 있다. 남의 말에 따라 행동하고, 남의 신념과 생각에 의존하고, 모두 같은 생각이라는 것을 확인하기 전까지는 내 의견을 감히 말하지 않는다. 사실상 나는 존재하지 않는다. 심한 말 같지만 다른 모두에게 자신을 종속적 위치에 놓는 사람은 존재하지 않는 것과 마찬가지다. 이렇게 자율성을 발휘하지 못하는 것은 습관인

동시에 선택의 문제이기도 하다.

사람에게는 누구나 남의 인정이 필요하다. 갈채, 칭찬, 찬사 등 남이 나를 친절하게 대해주면 뛸 듯이 기쁘다. 물론 일반적인 경우라면 문제가 될 일은 아니다. 그러나 피플 플리저는 자기가치감이 낮아서 오로지 타인의 인정에만 의존한다. 마치 그림자처럼 반사적으로 남의 의견에 전적으로 따른다.

그게 왜 문제일까? 다시 말하지만 이렇게 쌓은 유대감에는 실체가 없기 때문이다. 이처럼 행동하면 무리의 일부로 인정받는다고 생각하지만 실은 더 소외된다. 주변의 찬사는 내가 아니라 내가 한 일에 대한 반응이고, 나는 내 성격, 자질과 능력이 아니라 오로지 인정 욕구에 이끌려 행동한다.

자율성, 즉 타인과 상관없이 스스로 생각하고 행동하는 능력이 중요한 것은 바로 이 때문이다. 자율적인 사람은 자신의 신념이 무엇인지, 왜 그런 신념을 갖는지 안다. 자기 확신을 갖고 자유롭게 행동한다. 스스로 변할 수 있고, 자신의 책임을 회피하지 않는다. 자신의 의견을 내고 누군가 반론을 제기해도 흔들리지 않는다. 스스로 설 수 있다고 믿으면 남의 인정 여부에 휘둘리는 대신 남의 기대에서 벗어나 자율성을 발휘할 수 있다.

자율적인 사람이 남을 돕는 것은 외적 요인 때문이 아니라 자신의 감정과 원칙에 기반해 상대에게 진심으로 신경을 쓰기 때문이다. 평판이 나빠질지도 모른다는 부정적 결과를 회피하고픈 마음이 아니라 자유로운 선택에 따르는 것이다. 자율적인 사람은 지나가는 칭찬이나 공치사를 듣는 게 아니라(피플 플리저는 이런 말에 목숨을 건다) 진정으로 존중받는다.

자율적인 사람은 어떻게 일을 처리할까? 다른 사람들과 함께 회사 연례 보고서를 작성한다고 가정해 보자. 내 업무는 작성된 문안을 한데 엮는 것이다. 그런데 예전 보고서의 문안이 체계적이지 않고 단조로운 거 같다. '그래서 발표가 끝나면 아무도 관심을 보이지 않는 거군'이라고 생각한다.

지난 몇 년간 보고서 작업을 해온 사람들은 문안이 별문제 없다고 여긴다. 하려는 말은 다 전달했으니 그 이상의 노력을 기울일 이유가 없다고 보는 것이다. 발표 내용으로 사람들의 관심을 끌 필요성을 느끼지 못한다. "뭘 그리 열심히 해? 그냥 하던 대로 하고 치우면 되잖아."

그 조언을 듣지만 그냥 잊어버리고 자료를 더 이해하기 쉽게 제시할 방법을 고민한다. 회사의 가치를 설명할 일화를 예로 들고, 흥미로우면서도 요점을 비켜가지 않는 글을 쓴다. 지금까지 아무도 생각해 보지 못한 일이다. 보고서가 나오자 회사 사람들이 관심을 보인다. 임원들은 내 진취적인 모습을 높이 사고, 누군가가 존경하는 마음을 담아 말을 건넨다. 가장 쉬운 길을 택하고 관례대로 일하는 대신, 자신이 생각하는 최선에 따라 남의 생각에 개의치 않고 앞으로 나아간 덕분이다.

사실 자율성을 발휘하기란 말은 쉽지만 행동은 어려운 법이다. 위 사례의 사람은 남보다 자신의 의견을 중시했다. 피플 플리저가 흔히 하는 대로 남의 생각에 밀려 자신의 의견을 접어두지 않고, 최소한 양측의 의견을 동등하게 존중한 것이다. 이것이야말로 자율성 습관을 기르는 첫 단계다. 어떤 업무를 맡았든 그 업무를 맡게 된 이유가 있을 테니 독자적으로 생각해도 된다고 자신을 설득하자.

◇ 일을 줄이자

일을 줄이는 습관을 들이라니, 무슨 소리인가 싶을지도 모르겠다. 피플 플리저는 사적, 공적 인간관계에서 살아남으려면 남을 위해 온갖 일을 다 해야 한다고 믿기 때문에 목표를 처리하려고 노력을 기울인다. 자신이 하는 일의 양과 사람들에게 받는 인정이 정비례한다고 생각하므로, 엄청난 노력을 기울이는 것이 인간관계에서 꼭 필요한 요소라 믿는다.

사실 지나치게 애쓰고 너무 많은 일을 하는 것은 건전한 관계의 필수조건이 아니다. 인간관계를 유지하기 위해 지나치게 노력하면, 삶의 다른 부분이 제대로 굴러가는 데 필요한 에너지가 고갈된다. 아무리 좋은 뜻에서 하는 일이라도, 이런 불균형은 관계의 안정성을 무너뜨린다. 그뿐만 아니라 한쪽이 일방적으로 기대는 건전하지 못한 역학 관계를 만들어낸다. 인간관계에 관한 한, 한쪽이 일을 많이 하면 상대의 몫까지 다 채울 수 있다는 생각은 잘못 되었다. 이는 건강한 인간관계라고 볼 수 없다.

상사, 친구, 배우자를 막론하고 어떤 인간관계가 원만한 것은 관계에 속한 모두가 자신에게 주어진 책임을 다하고 공평과 배려를 실천하기 때문이다. 내 책임뿐만 아니라 남의 책임까지 떠맡는 것은 관계에 해가 될 뿐이다. 나를 진정 존중하고 사랑하지 않으면 남도 진정 존중하고 사랑할 수 없다는 세간의 말은 일리가 있다. 나 혼자 지나치게 노력하는 게 아닌가 싶다면 한발 물러서자.

모든 일을 도맡으면서도 아무 보상도 받지 못하는 기울어진 인간관계를 쌓고픈 피플 플리저 특유의 충동을 뿌리치자. 그러려면 이번에도 자기인지를 해야 한다. 객관적인 시각에서 내 인간관계를 점검하고, 양쪽이 떠맡는 일이나 책임의 양이 지나치게 차이 나는 것은 아닌지 살피자. 스스로 묻고 솔직하게 대답해 보면 상황을 쉽게 파악할 수 있다.

"이 사람이 내가 해준 만큼 나에게도 해줄까?"

깨달음을 얻었다면 더 이상 지나치게 애쓰지 말자. 방법은 간단하다. 그만하면 된다. 피플 플리저라면 마음이 완전히 편하지는 않을 것이다. 자신의 평판을 지키기 위해 가능한 한 모든 노력을 다하려는 충동이 있기 때문이다. 사실 피플 플리저는 아무것도 하지 않을 때면 할 일을 빼먹거나 기회를 놓친 건 아닌가 생각한다.

'소소익선'이라는 말을 떠올리자. 그리고 내가 한발 물러나야 다른 사람들이 나서서 관계를 동등하게 할 여유가 생긴다는 사실을 기억하자. 사람들이 단순히 반사적으로 행동하는 게 아니라 능동적으로 관계에 참여하도록 해주어야 한다.

예컨대 내가 가족의 경제권을 가지고 있다고 치자. 살림을 꾸리는 사람은 가족들에게 무엇이 필요한지, 각종 요금이나 월세나 대출 이자가 얼마나 나가는지, 필요한 물품들은 무엇인지 등에 대해 알아야 한다. 다른 가족은 누구도 집안 살림이 어떻게 굴러가는지 관심이 없다. 내가 알아서 하겠거니 생각하기 때문이다. 내가 아무 말 없이 모든 일을 하기에 그렇게 생각하는 것도 당연하다.

장도 혼자서 보고, 이런저런 잔일도 모두 도맡는다. 가족 전원의 휴대폰 요금과 인터넷 요금을 낸다. 컴퓨터를 비롯해 가족들에게 어떤 전자기기가 필요한지 정하고 적당한 선에서 지출한다. 하지만 이제 모든 것을 조율하느라 지쳤고, 아이들은 원하는 간식거리가 없다거나 온라인 게임을 하는 데 인터넷이 너무 느리다고 불평한다.

"정말 못 해 먹겠네. 더 이상 혼자서 모든 걸 결정하진 않겠어. 정 급하면 자기들이 알아서 하겠지. 필요한 건 자기들이 알아서 사면 좀 좋아."

드디어 일을 줄이겠다고 마음먹는다.

그래서 아이들보고 필요한 물건 목록을 써보라고 시킨다. 아이들도 스스로 머리를 굴려 생각해야 한다. 배우자에게도 장보기 정도는 나눠서 하고, 자기가 원하는 건 알아서 사자고 말한다. 각자 자기에게 필요한 휴대폰 요금제를 알아서 정하도록 한다. 장을 보러 집을 비울 때면 평소 내가 하던 자질구레한 집안일을 나머지 가족들이 처리하도록 한다. 생각해 보면 그다지 어려운 일은 아니다. 애초에 모두가 나눠서 해야 할 일이라는 사실을 깨닫기만 하면 되는 것이다.

이제 짐을 조금 덜고, 일을 다시 배분하고, 가족들이 스스로 필요한 일을 처리하도록 하고, 피플 플리저 성향에서 다소 벗어났다. 일을 줄이고 여유를 갖는 건 익숙해지기 어려운 습관이다. 앞에서도 말했지만 뭔가 놓친 부분이 있는 듯한 느낌이 들기 때문이다. 하지만 내가 손을 놓으면 다른 사람들이 그 일을 처리할 것이다. 그 점을 명심하자.

◇ 잊는 법을 배우자

살다 보면 끔찍한 말과 행동을 하는 사람들이 있다. 불편한 진실이다. 그들의 말과 행동에서 상처받는 운 나쁜 사람들은 오랫동안, 때로는 영원히 괴로움에 시달린다. 나쁜 사람과 부정적인 사람은 어느 때나 존재하며 합당한 벌을 받지 않는 경우도 많다. 이런 파괴적인 성향 때문에 우러름을 받는 경우마저 있다.

부정적인 사람을 이해하거나 공감하려 노력할 필요는 없다. 이들은 더 이상 중요하지 않은, 이미 지나간 사람이다. 하지만 때로 나쁜 사람에게 당한 경험은 머릿속에서 생생하게 존재감을 과시한다. 배려 없는 행동과 부정적인 말이 일으킨 최악의 감정을 잊지 못하는 것이다. 과거에 그들이 했던 행동과 말이 현재의 나를 옭아맨다. 생각을 쥐고 흔들며 내 가능성을 믿고 노력하지 못하도록 발목을 잡는다.

자기가치감과 자존감을 잠식하고 부정적 결과를 두려워하게 만든 과거의 경험이 무엇이든 간에, 그 경험이 현재의 내 삶을 정의하는 것은 아니라는 사실을 깨달아야 한다. 지금 내 감정과 마찬가지로 과거의 기억도 현실 그 자체는 아니다.

덧붙이자면 여기서는 감정적, 신체적, 성적 학대를 받은 사람을 이야기하는 것이 아니다. 당연한 말이지만 범죄 피해자는 과거를 그냥 잊고 넘길 수 없다. 그들의 고통을 폄하할 생각은 추호도 없다는 것을 알아주길 바란다.

물론 말이 쉽지, 이렇게 고통스러운 기억을 떨쳐내기란 어렵다. 부정적인 말을 못 들은 셈치고 넘길 수는 없다. 그들이 내게 남긴 쓰레기를 치우는 건 쉬운 과정이 아니다. 하지만 과거의 고리 속에 갇혀 있으면 도리어 발목이 잡힌다. 상대의 비난을 기억하고 마음에 묻어둔 결과, 눈에 보이지 않는 남들의 거절을 두려워하고, 모두를 기쁘게 하려고 종종걸음을 치는 성향이 자리 잡는다.

그래서야 문제를 해결했다고 볼 수 없다. 이렇게 행동하면 문제가 사고방식을 통제하고 성장하지 못하게 가로막는 결과를 낳는다. 인간은 과거의 산물이지만 과거 그 자체는 아니다. 특히 내가 택하지 않은 과거라면 더욱 그렇다. 내 진정한 모습은 오늘의 모습이며, 모든 것은 내 의식적 선택에 달려 있다.

문제가 생겼을 때 처음 고개를 드는 생각은 문제를 없애야겠다는 생각이다. 하지만 문제를 없애는 것이 곧 문제를 해결한다는 뜻은 아니다. 문제가 불러일으킬 감정적 부담을 무릅쓰기 싫고, 거기서 비롯하는 모든 고통스러운 영향을 피하려 든다면 문제를 해소하는 게 아니라 그저 회피하는 것이다. 그래서야 문제가 사라질 리 만무하다.

그렇게 남이 입힌 과거의 상처가 마음속에서 떠오를라치면, 사람은 두려운 마음에 상처에서 벗어나고 현재 상황이 괜찮다는 확신을 품으려고 가능한 한 모든 것을 한다. 그러다 보면 피플 플리저가 되는 것이다.

평소 내가 이것저것 챙겨주는 룸메이트가 있다. 딱히 게으르거나 무책임한 친구는 아니지만, 어쨌든 내가 요리를 도맡고, 빨래를 대신해 주고, 잡일을 처리해 준다. 친구는 이런 상황을 약간 불편해하고 자기도 조금 돕겠다고 한다. 하지만 나는 같은 행동을 계속한다.

왜일까? 어렸을 때 굼뜨다거나, 제대로 하는 일이 없다거나, 모자라다며 친구들의 놀림을 받았던 기억이 지금까지 상처로 남아 있기 때문이다. 상처를 덮기 위해 스스로 종 노릇을 자처하는 것이다. 그러나 과거의 문제를 진정 해결하려면 과거를 놓아 보내야 한다. 그러려면 의식적으로 결단을 내리는 한편, 과거의 일이 어떤 고통을 불러일으키는지 자각할 필요가 있다. 이 지점이 가장 중요하다.

아무리 고통스럽더라도 과거의 일이 내게 심어준 감정을 회피하거나 부정하지 말아야 한다. 지난날 마주쳤던 나쁜 사람이 지금의 나를 괴롭히도록 두지 않겠다고 단호히 마음먹자. 그들은 사라졌고, 나는 아직 여기 있다. 그들을 용서해야 한다는 말은 아니지만, 용서하는 것도 선택지 중 하나다. 이처럼 씁쓸한 과거를 매듭짓고 놓아 보내는 습관을 들일 때, 비로소 내 모습 그대로 자유롭고 자신감 있는 사람으로 거듭날 것이다.

◇ **더 솔직해지자**

앞서 말했듯 피플 플리저가 되려면 어느 정도 가면을 쓰게 된다. 남을 위해 내 모습을 가리고, 감정과 생각, 의견을 감춘다. 남에게 요구할 일이 있어도 입밖에 내지 않는다. 이처럼 내 감정을 억누르는 것은 장기적으로 봤을 때 결코 좋은 일이 아니다.

그래서 나를 숨김없이 표현하는 습관을 들이는 것이 중요하다. 내 생각을 밝힐수록 더 많은 사람들이 내가 그은 선에 대해 잘 알게 된다. 사람은 마음을 읽을 수 없다. 남들이 내 마음을 저절로 알아주었으면 하는 것은 불가능한 바람이다. 내가 무엇을 원하는지 분명히 설명하자. 나는 그런 대우를 받아도 된다는 확신을 갖자. 말을 거르지 않고 조금 더 직접적으로 내 의견을 전달하면 된다. 긴장과 갈등을 감수하고 남들이 동의하지 않는 의견을 내는 것도 솔직한 태도의 일환이다. 불편한 상황을 예상하고 견뎌내자.

예컨대 매일 친구들과 술집에서 만나 과음한다고 치자. 친구들과 함께 있는 시간이 즐겁고, 술은 친구들을 모으는 데 큰 역할을 한다. 그런데 이제 몸과 마음이 버겁고 술이 친구 관계를 다지는 데 도움이 되는 것 같지도 않다. 하지만 친구들과 멀어지고 싶지 않아서 잠자코 있는다.

그러다가 술을 줄이고 내게 중요한 일에 초점을 맞춰야 하는 시점이 온다. 그래서 친구들에게 메시지를 보내 알코올 중독이 될까 봐 걱정이라며 술을 줄이고 건강에 신경 써야겠다고 말한다.

피플 플리저의 주된 동기는 남에게 인정받는 것이다. 그런데 생각해 보면 내가 하고 싶은 일을 하기 위해 남의 허락을 받아야 하는 것은 아니다. 범죄를 저지르거나, 남을 해치거나, 파괴적인 일이 아닌 한 사람은 누구나 하고 싶은 일을 할 권리가 있다. 사람들에게 허락을 구하는 대신 그냥 이렇게 할 거라고 말하자. 그리고 실행에 옮기자.

피플 플리저는 자신이 원하는 것을 얻을 자격이 있는지 의문을 품는 경우가 많다. 남의 욕구를 자신의 욕구보다 우선시한 나머지 자신을 챙기지 않는 습관이 몸에 밴 것이다.

'내가 원하는 것을 누릴 자격이 있나?'

답은 간단하다. 내게는 원하는 것을 누릴 자격이 있다. 무언가를 원하고 누릴 자격이 되는지 자문하는 사이클에 빠지지 말고 내게 진정 필요한 것에만 집중하자. 항상 내가 원하는 것을 얻지는 못할 수 있겠지만, 시도조차 하지 않아서 아무것도 얻지 못하는 것보다는 낫다.

자신을 위해 선을 긋는 것도 마찬가지다(다음 장에서 더 자세히 다루기로 한다). 피플 플리저는 감히 선을 긋지 못한다. 그래서 좋은 사람조차도 피플 플리저의 선이 어딘지 몰라서 선을 넘고 피해를 주게 된다. 선을 분명히 긋는 것은 향후의 갈등과 실수를 막는 데 큰 역할을 한다. 그리고 무의식적으로 남의 기분을 맞추느라 잃어버린 내 모습을 되찾는 데도 도움이 된다.

이런 요구를 하는 것 자체가 극도의 스트레스로 다가올 수 있다. 그렇다면 이렇게 해도 된다고 나를 설득하는 데 조금 더 노력을 기울이자. 생각을 글로 쓰면 큰 효과가 있다.

상대에게 요구를 하기 전에 이유를 먼저 써보는 것이다. 자세하고 솔직하게 쓰면 된다. 내 논리에 집중하고, 가능하면 숙지하자. 실제로 상대에게 무언가를 요구할 때는 글로 쓴 내용이 내 협상 전략의 핵심이 될 것이다. 비교적 작은 부탁을 할 경우에도 생각을 글로 써서 정리해 보면 큰 도움이 된다. 믿을 만한 사람에게 보여주고 내용을 검토해달라고 해도 좋다. 부탁할 타당한 이유가 도무지 생각나지 않는다면 애초에 상식적이지 못한 요구일 수 있다.

◇ 압박감을 이겨내자

단호하게 행동하기로 마음먹었다면 모든 피플 플리저의 숙적인 반발에 부딪칠 것이다. 비난을 받거나 고성이 오갈 수도 있다. 그리고 그중 일부는 물론 상처가 되겠지만, 비난을 받는다 해서 죽지는 않는다.

비난에 직면하는 것은 피플 플리저 성향에서 벗어나는 여정 중 가장 힘겨운 상황이다. 동시에 가장 보람찬 과정이기도 하다. 그보다 심각한 온갖 위기에 강인하게 대처하는 데 밑거름이 되기 때문이다. 가장 먼저 생각해 볼 부분은 비난의 원인이다.

때로 사람들은 내가 아니라 그들 자신의 문제 때문에 나를 비난한다. 그들의 불평이 정말 내 '잘못'을 고치기 위한 것인지 찬찬히 생각해 보자. 상대는 어쩌면 자신의 문제를 내게 투사하고 거친 말로 표현하는지도 모른다. 내가 처한 상황에 대해 전혀 모를 수도 있다. 건설적 비판은 괜찮지만 내가 아닌 상대의 경험 때문에 왜곡된 비난까지 감수할 필요는 없다. 상대가 거센 비난을 퍼붓는다면 그만큼 상대의 내면에 깊은 문제가 있을 가능성도 염두에 두자.

나를 비난하는 사람과 정면 승부를 하고 있다면 즉답을 하지 않는 것이 좋다. 남이 나를 비난하고 내 일 처리에 불만을 표한다면 몇 번 심호흡하면서 마음을 가라앉히자.

굳이 답할 필요가 없는 경우도 있다. 부정적인 말에 답할 의무는 없다. 그냥 무시하고 내 길을 가도 된다. 물론 모든 경우에 다 통하는 건 아니다. 배우자나 경찰의 말을 무시하는 건 현명치 못한 처사니까. 하지만 장기적으로 봤을 때 그리 중요하지 않은 말다툼이라면 그냥 무시해도 무방하다.

언쟁을 벌이기로 마음먹었다면 위 조언들을 명심하자. 의견이 맞지 않는 것은 문제 될 일이 아니다. 두 사람이 어떤 사건에 대해 같은 시각을 공유하지 않는 일은 흔하다. 그리고 의견이 맞지 않아도 생산적이고 즐거운 관계를 이어갈 수 있다.

물론 말보다는 실천이 어렵다. 사람은 누구나 남들이 자신의 의견에 동의하길 바란다. 그렇지 않으면 긴장 상황이 유발되기 때문이다. 그러나 합의에 이르지 못하고 간극을 수용하는 것은 결코 잘못된 일이 아니다. 모두가 내 신념과 행동에 동의하길 바라기에는 살면서 만나는 사람이 너무나 많다. 그 사실을 받아들이면 어깨에서 큰 짐을 내려놓은 듯 홀가분해질 것이다.

어떤 상황에서든 내게 화가 난 사람을 상대할 때면 내가 잘못한 거라고 미리 넘겨짚지 말자. 피플 플리저는 평온을 유지하려고 상대의 날카로운 평가를 고스란히 수용하는 경향이 있지만, 상대의 비난이 항상 옳은 것은 아니다. 상대가 내게 불만을 느낀다는 사실을 견디지 못하면 상대의 기분을 맞추려고 내 신념을 꺾게 된다. 비난의 내용뿐만 아니라 이유에 대해서도 생각해 보자. 나보다는 상대 자신 때문에 비난을 퍼붓는 것인지도 모른다.

피플 플리저는 남의 의견에 자동으로 찬성하는 경향이 있다. 누군가가 부탁을 하면 아무것도 묻지 않고 들어준다. 이렇게 곧장 동의하고픈 충동을 이겨내야 한다. 피플 플리저 성향에서 벗어나는 중이라면 약간 불편할 수도 있다. 곧장 답을 주지 않으면 긴장도가 높아지기 때문이다. 하지만 처음 압박감을 느끼는 순간 굴하지 않으면 그보다 상황이 더 심각하거나 어려워지지는 않는다. 단 5초만 압박에 굴하지 말고 의지력을 발휘하자. 그러고 나면 매번 더 쉬워진다. 같은 사람을 상대할 때는 더욱 쉽다.

다시 말하건대 내게는 하고픈 일, 필요한 일을 할 권리가 있다. 짧게는 몇 분에서 며칠에 이르기까지 상대의 요구를 고려할 시간을 벌기 위해 즉답을 내놓지 않는 것도 여기 포함된다. 상대의 요청을 숙고하고자 답을 늦추는 것은 전혀 문제 될 일이 아니다. 여기서 가장 중요한 것은 내 우선순위다.

◇ 남의 기분에
   책임감을 느끼지 말자

끝으로 내 책임인 것과 아닌 것을 정확히 이해하는 습관을 들이자. 피플 플리저는 심지어 자신과 별반 상관없는 상황에서도 남을 돕기 위해 어깨에 온갖 책임을 올려놓는다(상대의 감정을 보호하는 것도 포함된다). 단호하게 행동해서 상대가 기분 상해하면 피플 플리저는 그 감정에 책임을 느끼고 기분을 풀어주려 한다. 그러다 보면 본능적으로 상대의 감정적 수호자가 되고 기분을 상하게 하지 않으려는 마음 때문에 오히려 내 기분이 상할 수 있다.

내 주장을 펼친 탓에 상대가 부정적이거나 날카로운 감정을 드러내면, 피플 플리저는 곧장 기분을 풀어주거나 애초에 이러한 감정을 일으키지 않는 것이 자신의 의무라 여긴다. 이런 행동은 친절해서가 아니라 상대의 인정을 받고 불안에서 벗어나기 위한 것이다. 이런 행동이 습관이라면 내가 무의식 중에 상대의 감정 관리와 행복에 책임을 느끼고 있다고 봐야 한다.

다른 사람의 감정을 책임지려는 것은 합당한 논리가 아니다. 마치 부모가 싸우는 데 아이가 책임이 있다거나, 아내의 직장 문제에 남편이 책임이 있다는 식이기 때문이다. 그러나 이런 일은 자주 일어난다. 어떻든 피플 플리저는 왜곡된 죄책감을 누그러뜨리기 위해 곧장 행동에 들어간다. 따라서 내가 누구의 감정에 책임을 져야 하는지 현실적으로 직시할 필요가 있다. 내가 아닌 다른 사람의 책임을 지는 것은 불가능하며, 그런 기대를 갖는 것 또한 애초에 바람직하지 않다. 내가 남의 감정을 책임져야 한다는 생각은 실제가 아니라 내가 만들어낸 허상일 뿐이다.

세상은 무수한 사람으로 이루어져 있고, 사람들은 영속적으로 변한다. 한 사람이 제어하기에는 너무나 많은 변수가 있기 때문에 나 혼자서 모든 사람의 감정을 책임질 수는 없다.

자신의 상황에 대해 생각해 보자. 삶이란 본질적으로 모두 통제할 수 없는 일련의 변수다. 사람들은 결정을 내릴 때 눈앞의 상황, 주변 사람의 영향, 사회적 역학 등 여러 요인을 고려한다. 누구나 살면서 여러 조건, 상황, 욕구에 좌우된다. 논리적으로 봐도 그 모든 것을 내가 책임질 수는 없다. 그보다는 완전히 내가 제어할 수 있는 요소에 대한 책임을 지고 단호하게 살아야 한다. 내 생각, 말, 행동, 감정이 여기에 속한다. 사람들은 누구나 자신의 감정에 책임이 있다. 그들의 감정을 책임질 수 있는 사람은 그들 자신뿐이다.

남에게 지나치게 공감하기보다 나를 온정적으로 대하는 습관을 기르자. 남을 행복하게 해주는 일이 미덕이고, 그 결과 내가 더 나은 사람이 된다고 생각할 수도 있다. 하지만 실은 그렇지 않다. 남의 행복을 위해 내 건강과 행복을 희생하는 것은 고귀한 일이 아니라 이기적인 행동이다.

자기 연민에 빠진 사람에게 관심을 주면 자기 연민에서 벗어나지 못하게 가로막는 셈이다. 상대가 나를 필요로 하도록 길들이는 것이기도 하다. 도움이 필요하지 않는 이를 도우면서 자아감을 느끼는 사람이 너무나 많다. 자신이 어떤 사람인지도 모르면서, 남들에게는 내가 필요하다고 스스로 되뇌는 것이다.

피플 플리저는 타고나는 것이 아니라 만들어지는 것이다. 어쩌다 몸에 배었고 미처 떨쳐내지 못한 습관이 피플 플리저를 만든다. 남을 만족시키려는 끊임없는 노력을 잠시라도 멈추면 피플 플리저의 세상은 무너지고 만다. 하지만 사고방식과 접근법을 조금만 바꾼다면 나쁜 습관을 없애고, 좋은 습관을 들이고, 마침내 감정적 자유를 손에 넣을 것이다.

요약 정리

- 피플 플리저 성향은 시간이 흐를수록 습관, 즉 세상을 향한 자동적 반응으로 굳어진다. 의도가 어떻든 본능적으로 남의 기분을 맞추기 바쁘다면 자주적으로 살 수 없다. 이렇게 자기파괴적인 패턴을 깨려면 무의식적인 습관을 고쳐야 한다.

- 내가 피플 플리저처럼 행동하는 이유를 자각해야 한다. 그러면 자유의지로 친절한 행동을 하는 경우가 아닐 때 그 사실을 깨달을 것이다. 내 행동 뒤에 숨겨진 동기를 이해하려면 다섯 번 연속해서 '왜'가 들어가는 질문을 스스로에게 던져보자.

- 자율성을 키우고 남의 의견과 생각에서 자유로워지자. 자신의 의견과 생각을 중시하고 남에게 종속적으로 행동하지 말자.

- 일을 줄이고 일방적인 인간관계를 만들지 말자. 지금까지 사람들이 내게 의지하도록 길들여 왔을 뿐이다. 상황을 바꾸고 싶다면 상대가 스스로 행동할 수 있는 여유를 주어야 한다.

- 과거는 잊어버리자. 과거는 지금 나를 만들었지만, 내 경험과 기억, 그리고 나라는 사람은 서로 다른 존재다. 과거의 일 때문에 행동하는지, 아니면 자유의지에 따라 행동하는지 파악하자.

- 압박에 굴하지 말자. 피플 플리저 노릇을 그만두면 비난에 직면할 것이다. 내가 상대의 기대치를 높여두었으니 상대만 탓할 수는 없다. 하지만 여기서 예전처럼 압박에 굴하면 안 된다. 단 5초만 의지를 발휘하면 그 뒤부터는 점점 쉬워질 것이다.

- 남들의 감정과 행복을 책임지려 들지 말자. 감정과 행복은 각자의 몫이다. (내게 미치는 피해를 감수해 가면서) 남의 감정적 수호자가 될 필요는 없다.

5장 | 선을 긋자

: 타인과의
 적정한 거리 두는 연습

선 긋기는 피플 플리저 성향에서 벗어나는 필수 단계다. 피플 플리저는 부지불식간에 남이 마음대로 경계를 넘나들고 사적 공간을 잠식하도록 놔둔다. 하지만 그렇게 하면 정체성을 잃게 되고 피플 플리저 성향이 한층 굳어진다.

레트와 그랜트는 내 죽마고우다. 고등학교 때는 같은 무리에서 어울렸고, 졸업하고서 각자 다른 대학에 진학할 때까지 함께 놀았다. 십여 년간 떨어져 지내다 인터넷으로 다시 연락이 닿은 우리는 서로 집이 가깝다는 것을 알고 더 자주 만나기 시작했다. 십 년이면 강산도 변한다더니, 레트는 그 사이 다단계 마케팅 회사의 사장이 되어 있었다. 이런저런 제품을 파는 한편, 자사 제품을 홍보 및 판매를 하는 대신 수수료를 받아 챙겨갈 다단계 회원을 공격적으로 모집하는 회사였다. 친구와 가족도 예외는 아니었다.

그랜트는 내게 말했다. "다단계 회사는 딱 질색이야." 다단계라고 하면 곧 피라미드 사기가 떠올랐던 것이다. 그랜트의 부모님에게는 다단계 회사와 얽힌 친구들이 있었고, 그 친구들은 항상 집에 찾아와서 귀찮게 굴었다.

게다가 그랜트에게는 확고한 선이 있었다. 제품, 정치, 종교 등 무엇이 되었든 친구들이 자기에게 강요하는 것을 싫어했다. 영업이라면 회사에서 충분히 듣고(또 하고) 있었다. 개인적인 시간에 친구들의 영업 대상이 될 생각은 전혀 없었다. 일과 우정을 뭉뚱그리는 것이 싫었고 친구들의 먹잇감이 되고 싶지 않았다.

하지만 레트는 그런 행동을 계속했다. 줄곧 그랜트를 회원으로 가입시키려고 애썼다. 끊임없이 신경을 건드리고 아무 의미도 없는 냉장고 자석 따위를 보냈다. 그랜트가 너무 무심하다며 화를 낸 적도 있었다. 결국 그랜트는 레트에게 대놓고 말했다.

"난 친구들이 나한테 영업을 하는 게 싫어. 앞으로는 그러지 말아주었으면 해. 계속 그렇게 할 셈이라면 연을 끊을 수밖에 없어."

몹시 성이 난 레트는 모두와 연락을 끊었다. 이후 그랜트는 우정을 지키지 못한 것을 약간 안타까워했지만 그냥 잊기로 했다. 자신의 원칙을 지키고, 그 결과를 감수해야 한다고 생각했던 것이다. 그러고 나자 마음이 편해졌다. 친구라면 서로를 돈벌이에 이용하면 안 된다는 신념을 지켰기 때문이다. 친구를 잃는 것은 가슴 아팠지만 다단계에 발을 들이는 것보다 훨씬 나았다.

'선'은 남에게만 적용되는 게 아니다. 나의 행동과 습관에도 어느 정도 선을 그어야 한다. 행동을 자제하지 않고는 제대로 살아갈 수 없기 때문이다. 선의 예를 몇 가지 살펴보자.

- 특정 활동에 쓰는 시간을 제한한다.
- 불필요한 물건을 사는 데 과소비하지 않도록 예산에 따라 지출한다.
- 특정 음식이나 음료를 많이 먹고 마시지 않도록 주의한다.
- 상식적이고 현실적인 연간 목표를 세운다.
- 인간관계와 업무량을 (부담되지 않게끔) 적절히 계획한 하루 일정을 지킨다.

나를 위해서도 이런 일을 다 하지 못하는데, 남을 위해 온갖 일을 하는 것은 불가능하다. '자제'는 책임감 있고 행복한 삶의 필수 요소이므로 나를 위한 선을 긋는 데서 시작하는 것이 바람직하다. 나아가 남에게도 분명한 선을 그어야 한다.

◇ 선 긋기란

선이란 사적 공간을 둘러싼 보이지 않는 장벽을 가리키며, 물리적 공간(말 그대로 내 주변의 공간)과 감정적 공간을 모두 포괄한다. 피플 플리저 성향에 관해 이야기할 때는 주로 감정적 공간에 대해 다룬다.

선은 사람들이 내 감정적 생활에 드나들 수 있는 한계를 정해준다. 그리고 내가 압박을 느끼지 않고 진정한 내가 될 수 있는 공간, 남들이 존중해야 하는 공간을 조성해 준다. 이 공간은 다른 사람에게 지나치게 의지하거나 얽매이지 않도록 일정 거리를 유지하는 데 필요하다. 더불어 적절한 선은 내가 완전히 고립되지 않도록 가까이 올 수 있는 사람이 누구인지도 규정한다.

적정선이 있으면 남의 부당한 기대나 요구라는 짐을 지지 않고 자유를 누릴 수 있다. 더 창의적이고, 자유롭고, 독립적이고, 독창적으로 살 여유가 생기는 것이다. 주어진 상황에 대해 차분하게 숙고할 수 있는 완충 지대도 마련된다. 필요에 따라 적절한 선을 그은 다음, 감정을 나누고픈 사람을 선 안에 들여놓는 것도 가능하다.

피플 플리저는 자신의 행복을 찾기도 전에 남을 먼저 만족시키느라 선을 그어야 할 필요성을 아예 모르거나 과소평가한다. 습관처럼 피플 플리저로 살지 않으려면 단호하게 행동하고 선을 분명히 긋는 것은 무엇보다도 중요한 단계다.

◇ **선을 그을 시점을 파악하자**

피플 플리저라면 남이 선을 넘어 내 사적 공간을 침해한다는 것을 인지하기조차 어렵다. 내게 무엇이 필요한지 생각하지 않고 항상 모두를 돕는 사람처럼 나를 포장했기 때문이다. 남들이 해야 할 일들이 내 선 안에 있는 셈이다. 이래서야 선을 긋는 의미가 없다. 적당한 선을 긋는 첫 단계는 언제 남이 선을 넘는지, 선을 침범당하면 어떤 기분인지 아는 것이다.

그러려면 내 몸과 마음의 상태에 주목해야 한다. 신경 쓰이거나 지치게 하는 사람과 함께 있을 때, 몸과 마음이 어떻게 반응하는지 살펴보자. 몸에 나타나는 전형적인 증상은 속이 꼬이거나 골치가 아픈 것 등이 있다. 한편 마음은 혼란스럽고, 탐탁지 않고, 어떻게 여길 벗어날까 고민할 것이다. 그 순간에는 선을 침범당했다는 것을 모르더라도 후유증은 쉽게 눈치챌 수 있다. 그 사람을 만나고 나면 마음이 긴장되고 기분이 나빠졌을 것이다.

상황을 파악했다면 이 사람의 어떤 면 때문에 기분이 좋지 않은지 생각해 보자. 성격이 문제인가(짜증 나고, 너무 활동적이고, 생각이 없는가)? 지나치게 직설적인가? 불쾌하고 짜증 나는 말을 늘어놓는가? 나 혼자만 아는 사실이니 솔직하게, 속속들이 분석해도 좋다.

신체적 반응, 정신적 반응, 상대에 대한 불만을 비롯한 정보를 활용하면 일종의 경보 체제를 세울 수 있다. 각 단계를 충실히 밟았다면 다음에 같은 일이 벌어졌을 때 상황을 재점검하거나 선을 그어야 한다는 사실을 깨달을 것이다. 이처럼 누군가 내 개인적, 감정적 공간을 침범하고 내 것이 아닌 의무를 지우면 이를 자각해야 한다. 선을 넘는다는 건 차나 한잔하자며 집에 밀고 들어오는 등의 무례한 행동이라고 생각할지 모르지만, 사실 불편감이 느껴진다면 상대가 이미 선을 넘은 것이다. 여기서 내 감정을 경시하는 우를 범하지 말자.

예를 들어보자. 알렉사와 엘레나는 자매다. 엘레나는 얼마 전 남자 친구 대니얼을 가족에게 소개했다. 대니얼은 몇 달 동안 집안 행사에 참석했고 알렉사는 서서히 대니얼과 어울리게 되었다. 그런데 대니얼과 함께 있을 때면 어딘가 불편했다. 이것저것 물어보는 상황이 거북하고 머릿속이 답답해졌다. 신경이 거슬리고, 그 자리를 벗어나고픈 충동을 느꼈다. 하지만 엘레나를 자극해 가족 간에 말다툼이 일어날까 봐 대니얼에게 뭐라 하고 싶지는 않았다.

불편한 이유가 뭘까 생각해 본 알렉사는 대니얼이 남의 사생활, 특히 연애 관계에 지나치게 관심을 보인다는 것을 알아차렸다. 대니얼은 너무 솔직했고 때로 선을 넘는 사적인 질문을 했다. 세상 모든 사람이 그런 이야기를 자유롭게 터놓고 말한다는 듯 해맑게 이것저것 캐물었다. 자신의 질문이 긴장을 유발한다는 것을 깨닫지 못했다. 하지만 알렉사는 사생활을 중시하는 타입이었기에 대니얼의 질문이 무척 버거웠다. 상황을 파악한 알렉사는 어느 정도 선을 긋기로 했다. 다음 날 함께한 자리에서 대니얼은 알렉사에게 온라인 데이트를 한 경험에 대해 꼬치꼬치 물어보기 시작했다(알렉사는 엘레나에게 앞으로 온라인 데이트를 하지 않겠다고 말했는데, 엘레나가 대니얼에게 그 이야기를 전한 게 분명했다). 알렉사는 아주 차분하게 대니얼에게 말했다.

"음, 많이 생각해 봤는데 나는 사생활을 그렇게 자세히 이야기하는 게 조금 불편해. 나쁜 뜻이 아닌 건 알고 친하게 대해주는 것도 고마운데, 선을 조금 지켜줬음 좋겠어."

대니얼은 깜짝 놀랐다. 자신의 질문이 적절치 않다는 것을 전혀 몰랐던지 그는 사과의 말을 웅얼거리고는 자리를 떴다. 그 뒤로 알렉사에게 아무것도 묻지 않았다. 엘레나와 대니얼은 8개월가량 더 사귀었다. 그동안 알렉사는 대니얼과 아주 친밀하게 지내지는 않았지만, 결별로 인해 다시 볼 일이 없을 때까지 예의 바르고 적당히 친근한 관계를 유지하는 데 성공했다.

알렉사의 경우는 무난하게 흘러갔지만 대니얼이 화를 내거나 엘레나가 서운해하는 등 상황이 나빠질 수 있었다. 하지만 어떤 결과가 나오든 알렉사가 자신의 입장을 고수하고 선을 그은 것은 옳은 결정이었다. 나쁜 뜻이 있다기보다 그저 아무 생각 없는 사람을 상대로 선을 그을 때면 관계에 금이 가기도 한다. 하지만 이렇게 사이가 벌어지는 것은 그럴 만한 가치가 있다. 그 상황에서는 미처 알아차리지 못할 수 있지만, 선을 긋는 편이 언제나 바람직하다는 것을 알아두자.

◇ 선을 정하는 법

이제 개인 공간을 사수하는 것이 얼마나 중요한지 이해했길 바란다. 다음 단계는 자기 점검을 통해 피플 플리저 성향을 가라앉히는 데 도움이 될 확실한 선을 설정할 차례다. 유용한 방법 몇 가지를 소개한다.

내 핵심 가치를 파악하자

삶은 너무 복잡해서 내가 어떤 사람이고 어떤 가치를 중시하는지 파악할 시간이 많지 않다. 여유가 있을 때도 자아 성찰을 하기 어렵다. 신념이나 가치관에 대해 생각해 보라고 하면 종교, 문화, 철학 등 남이 주입한 개념만 떠올리기도 한다.

외부 요인을 잠시 제쳐두고 '나'라는 사람이 존중하는 가치와 신념을 파악하는 과정은 무척 중요하다. 나를 불편하게 하는 요소가 무엇인지, 그런 요소가 어떤 행동을 야기하는지 생각해 보아야 한다. 크고 심각하며 의미 있는 일일 필요는 없다. 내가 자각할 만큼 자주 일어나는 일이면 충분하다.

하워드를 예로 들어보자. 하워드는 터무니없는 주차비를 내는 것을 싫어한다. 지나치게 비싼 주차비는 그의 가치관(더 정확하게 말하자면 그의 경제 사정)과 맞지 않았다. 하워드는 대도시 근교에 살았고 시내로 운동 경기를 보러 갈 때면 여섯 시간에 주차비 100달러를 내야 했다. 도저히 참을 수 없었던 하워드는 환승주차장까지 차를 몰고 간 다음 왕복 5달러를 내고서 경전철을 타고 경기장으로 향했다.

그리 대단한 이야기는 아니다. 하지만 이렇게 소소한 일화에서도 하워드가 중요하게 생각하는 가치들을 몇 가지 엿볼 수 있다.

- 하워드는 (적어도 주차에 관한 한) 검소하다.
- 필요하면 '돌아가는 길'을 택하기도 한다.
- 공공 교통을 애용한다.

이런 부분을 '표면 가치'라고 한다. 하워드의 내면 가치를 알려주는 일련의 '지표'다. 역으로 생각해 보면 하워드의 내면 가치를 몇 가지 파악할 수 있다.

- 경제적 책임감
- 인내심
- 공공 정신

마찬가지로 내 행동에 대해서도 심리 분석을 해보자. 살면서 겪는 상황, 규칙적인 일상, 사건을 떠올리고 내가 어떻게 행동했는지 떠올린 다음 내면 가치와 연결 짓자. 내가 미처 몰랐던 가치가 생각날 수도 있다. 가능한 한 많은 사례를 생각해 보자. 자주 떠오르는 내면 가치가 몇 가지 있을 것이다. 이 가치가 내가 진정 중시하는 가치일 확률이 높다.

염두에 둘 점이 하나 있다. 심리 분석을 하는 상황에 인간관계가 얽혀 있다면 내가 편하게, 또는 불편하게 느끼는 부분과 가치관에만 초점을 맞추자. 상대의 가치를 고려하거나 관계의 맥락 안에서 내 가치를 틀에 가두지 말자.

가치를 분석할 때는 이기적으로 굴어야 한다. 내가 무엇을 원하는지 파악하는 과정이므로 자기중심적 태도를 취해도 좋다. 내가 어떤 가치를 중시하는지 확실하게 이해하면 남의 기분을 맞추고픈 성향이 누그러지고 단호하게 행동하는 데 도움이 될 것이다.

남이 아니라 나만을 바꾸자

내 가치를 재확인하고 선을 그을 준비를 하다 보면 이렇게 생각할 수도 있다. "친구/배우자/부모/자녀/직장 동료가 내 사고방식을 받아들인다면 상황이 나아질 텐데. 모두 나와 같은 식으로 상황을 판단한다면 모든 문제가 해결될 거야." 그 마음은 이해가 된다. 해결책을 찾으면 어떻게 더 나은 사람이 되었는지 모두에게 말해주고 싶게 마련이다. "난 엉망이었어. 이제는 엉망이 아냐! 넌 여전히 엉망이야! 너도 내가 했던 그대로 해야 해!"

또는 사람들이 까다롭게 굴지 않고, 배우자가 집안에서 게으르게 지내지 않고, 상사가 나를 무시하지 않고, 친구들이 지나치게 징징대지 않길 바랄 수도 있다. 그 마음도 이해가 간다.

하지만 4장 말미에서 '습관 탈출'에 관해 했던 이야기를 돌이켜 보자.

"내가 완전히 제어할 수 있는 부분에 대해서만 '자기 책임'

을 져라."

내게는 남의 행동을 바꿀 의무가 없다. 게다가 남을 바꾸려는 노력은 거의 효과가 없다. 내가 바꿀 수 있고 바꿔야만 하는 것은 오로지 내가 남을 대하는 방식이다. 사람들이 내 선을 넘는 것을 막을 수는 없지만, 선을 넘으려는 시도에 대응하는 방식을 바꾸는 것은 가능하다.

피플 플리저가 흔히 그러듯 상대에게 맞춰 노력하라는 말이 아니다. 방금 파악한 핵심 가치에 맞게 대처 방식을 바꾸고 상대에게 선을 알려주라는 뜻이다. 선을 넘으려는 사람과 소통하는 방식을 바꾸고, 지나치게 공격적으로 사적 공간에 접근하는 사람에 맞서 감정적 공간을 사수하라는 말이다.

가까운 관계에 있는 사람이 강박적으로 과소비한다고 생각해 보자. 항상 필요 없는 물건을 사고 무일푼인 상황에 어울리지 않는 소비를 하며 종종 돈을 빌려달라고 한다. 상대가 돈 관리를 조금 더 철저히 한다면 생활 방식을 바꿀 수 있으리라 믿는다. 은행 잔고를 파악하고 나처럼 경제적 미래를 잘 계획하기만 하면 문제가 해결될 것 같다. 사실 '바보를 위한 돈 관리' 같은 책을 들고 그 사람을 찾아가서 그렇게 살다간 머지않아 파산하게 될 거라고 말해주고 싶다. 그러면 모든 문제가 해결될 것만 같다.

하지만 그런 행동은 금물이다. 나는 그 사람의 문제에 대한 책임이 없다. 그 문제를 고치는 데 할애할 시간도 없다. 내가 처리해야 할 내 문제가 있는 것이다. 하지만 그 사람에게 더 이상 돈을 꿔주지 않는 것은 할 수 있다. 이처럼 상대의 문제 행동을 지원하지 않는 방향으로 내 행동을 바꾸는 것은 가능하다. 나는 상대의 정신적 역학에서 극히 일부분에 불과하다는 것을 잊지 말자.

남에게 대처하는 방법을 바꾸는 것은 남을 내 사고방식에 맞춰 뜯어고치는 것보다 훨씬 보람찬 일이다. 나를 바꾸면 내 정신 건강을 위해서도 훨씬 효과적이고 생산적인 결과를 가져온다.

제재를 가하자

선을 지켜달라고 했는데도 상대가 그 선을 무시하고 별생각 없이 내 사적 공간에 발을 들여놓으면 어떻게 해야 할까?

내가 원하는 행동을 하면 된다. 물론 상식적인 선을 지켜야 한다. 싸움을 걸거나 상대의 컴퓨터를 해킹하는 짓은 안 된다. 하지만 내게는 감정적 기반을 사수하고 사적 공간을 지킬 권리가 있다. 그러려면 누군가 내 선을 넘을 때 어떤 제재를 가할지 정해두어야 한다. 하면 안 되는 유일한 일은 아무 제재도 하지 않는 것이다.

페이스북에서 계속 나를 따라다니며 괴롭히는 사람이 있다. 공개 게시판에서 성가시게 굴지 말라고 경고했는데도 멈추지 않는다. 결국 차단하기로 마음먹는다. 감정적으로 보면 크고 어려운 한 발짝을 내딛는 셈이다. 긴장되는 순간이다. 하지만 이 경우 차단은 선을 긋는 과정의 일부다. 중요한 것은 (다른 누구도 아닌) 나에게 무엇이 필요한가다. 내가 존중해야 하는 것은 그 지점이다. 경고했는데도 불구하고 상대가 계속 문턱을 넘으려 든다면 강경하게 대처할 수밖에 없다.

물론 상대가 기분 나빠할 수도 있다. 내가 근시안적이고 성급하고 비이성적이라고 비난할 가능성도 크다. 하지만 이는 제재를 가하는 과정의 일부라 생각하면 된다. 상대의 반응 때문에 내 결정을 바꾸지 말자.

제재 방안을 정하는 또 하나의 방법은 미리 글로 써보는 것이다. 글로 정리하는 습관은 어떤 상황에서든 도움이 되지만, 이 경우에는 특히 효과적이다. 내가 정한 선은 어디인지, 선을 넘는 행동은 무엇인지, 상대가 선을 어기면 구체적으로 어떻게 할지 써보자. 글쓰기는 생각을 정돈하고 어떤 결정을 내렸는지 상기하는 데 도움이 된다. 감정적이거나 두려움에 시달릴 때는 적절한 결정을 내리기가 어렵기 때문에, 차분할 때 내린 결정을 글로 적어두면 쉽게 행동에 옮길 수 있다.

피플 플리저는 남들의 냉대가 두려워서 자신에게 미치는 피해와 모욕을 그냥 넘기곤 한다. 내 선을 넘을 때 따를 제재에 대해 확고한 방침을 세워두면 결심을 굳히고 나를 존중하는 데 큰 도움이 될 것이다.

◇ **선을 정하는 법 2**

타인은 내 내면의 우선순위를 알 수 없다. 내게 어떻게 선을 그어야 할지 알려줄 수도 없다. 선을 긋는 것이 어려운 일처럼 느껴지겠지만 관계에서 주도권을 잡고 내 가치를 강화하는 데 도움이 된다. 피플 플리저의 삶에서 벗어나고픈 사람이라면 꼭 갖추어야 할 능력이다. 선을 긋는 과정에 도움이 될 만한 조언을 살펴보자.

명확하고 구체적인 선을 정하자

내 기준에서 괜찮은 일과 그렇지 않은 일을 정할 수 있는 사람은 나뿐이다. 선을 정하고 남에게 설명할 때는 최대한 분명하고 직접적으로 전달하자. 나도 확실하게 알지 못하는 선을 남이 지켜주길 바라는 것은 무리다. 밥을 먹고 나서 뒷정리를 안 하는 사람을 내가 극도로 싫어한다는 것을 나조차 모른다면, 상대도 그 사실을 알 수 없다.

선을 정할 때는 일반적인 용어로 정리해야 한다. 앞에서 파악한 핵심 가치를 활용해 내가 원하는 바를 구체적으로 정의하자. 이를 정할 때는 사적 공간, 개인적 정보, 돈과 물건, 시간과 일정 등 여러 사항을 고려해야 한다는 것을 염두에 두자.

상대에 따라 각기 다른 선을 정해두어도 된다. 모든 사람이 같은 기준을 따라야 하는 것은 아니다. 나와의 친분에 따라 선은 탄력적으로 바뀔 수 있다. 가족이나 친한 친구가 차를 빌려달라고 부탁하는 것과, 직장 동료나 가끔 보는 술친구가 부탁하는 것은 전혀 다른 문제다. 상대에 따라 선을 바꿔야 할 것 같다면 자신의 기준에 따르면 된다.

끝으로 사람들은 왜 내가 일정한 한계, 규칙, 선을 만들었는지 이해하지 못할 수 있다. 그래도 상관없다. 상대가 이해해야 할 필요는 없다. 내가 내린 결정이기 때문이다. 내 규칙이 상대의 감정이나 가치관과 맞지 않는다는 불평을 듣는다 해도 문제 될 것은 없다. 신경 쓰지 말자.

선을 그을 때는 정확한 표현을 쓰자

모든 사람이 분명하게 선을 파악할 수 있도록 하자(여러 사람에게 각기 다른 선이 적용될 경우에는 더욱 중요한 부분이다). 사람은 자신의 경계에 대해 명확하고, 솔직하고, 담백하게 설명할 의무가 있다. 상대가 알아서 잘 추측하길 기대할 수는 없다.

친구들이 자주 집에서 자고 간다고 치자. 주말마다 늦게까지 밖에서 놀다가 집까지 운전해서 돌아가고 싶지 않은 친구들이 우리 집 현관문을 두드리며 하룻밤 신세 져도 괜찮냐고 묻는다. 차마 거절하지 못하면 다들 곧장 소파에 드러눕는다. 내가 자는 사이에 냉장고에서 음식을 꺼내 먹기도 한다. 내 개인 공간을 빼앗고 내 시간도 잡아먹는 셈이다.

지금까지는 이런 부탁을 용납할 수 없다는 것을 분명히 표현하지 않았을 가능성이 있다. 이런 상황이 짜증 나고 싫다는 것을 수동공격적으로 드러낼 뿐, 선을 뚜렷이 긋지 않은 것이다. 그래서 상대는 내가 언짢아한다는 것을 모르고 계속 같은 행동을 한다. 내 선을 분명하게 말해주지 않으면 사람들은 선을 곧장 넘어오게 마련이다.

물론 약간만 눈치를 주어도 알아차리는 사람도 있다. 지나치게 사적인 질문을 했던 대니얼의 사례를 다시 보자. 알렉사는 "왜 그런 걸 물어봐요?"라고 반문하면서 선을 그을 수도 있었다. 눈치 빠른 사람은 그 힌트를 알아채고 한발 물러서서 내 선을 지켜준다. 하지만 눈치 없는 사람도 있다. 힌트를 알아차리지 못한다면 직접적으로 분명하게 말할 수밖에 없다. 쉬운 일은 아니다. 알렉사는 이렇게 말할 수도 있었을 것이다.

"그 얘기는 하고 싶지 않아."

"그런 얘기는 안 할래."

"이런 이야기는 이만했으면 좋겠어."

'싫다'라는 마법의 단어를 쓰면 내 선을 대놓고 지킬 수 있다. 마찬가지로 소파를 사수하려면 이렇게 말해볼 수 있다.

"이런 일은 이제 조금 곤란할 것 같아."

"(상황을 예로 들며) 이렇게 부득이한 경우가 아니라면 자고 가는 건 오늘까지만 하자."

"앞으로는 이런 일 없었으면 해."

상대가 내 선을 이해하지 못하고 왜 선을 긋느냐고 물어볼 경우, 그 질문에 대답할 의무는 없다. 설명할 의무도 없다. 내 논리를 설명하거나 왜 그런 결정을 하게 되었는지 말해줄 필요도 없다. 아무것도 정당화하지 않아도 된다. 나는 나를 알고, 내게 무엇이 중요한지, 어째서 이런 기분이 드는지 안다. 그것만 신경 쓰면 된다. 다른 사람에게 자세히 설명해 줄 필요는 없다. 선을 그을 때는 '싫어'가 그 자체로 완전한 문장이라는 사실을 기억하자.

선을 넘는 사람을 그냥 보아 넘기지 말자

선을 정하고, 설명하고, 어떤 결과가 닥칠지 말해주었는데도 상대가 여전히 선을 넘는다면 어떻게 해야 할까?

선은 개인의 '법'과 같다. 법을 어긴 사람을 그냥 보아 넘기는 것은 안 될 말이다. 이제 행동을 개시할 시간이다. 선을 긋는 것은 내 경계를 세우고 주장을 펼치는 데 꼭 필요한 과정이다. 따라서 반드시 실천에 옮길 의지가 있는 규칙만 정해야 한다. 굳이 선을 그을 필요가 없는 일이라든가 반만 지킬 규칙이라면 여기서 재고해 보길 권한다. 사람들은 그 사실을 눈치채고 내가 진지하게 선을 긋는 게 아니라고 여길 것이다. 그러면 선은 있으나 마나 한 존재가 된다. 이렇게 흐린 선은 나약한 느낌을 주고, 상대는 곧장 선을 넘어 나를 이용하려 들 것이다.

선을 넘었을 때 합당한 제재를 가하면 언짢아하는 사람이 있을 것이다. 부정적인 반응에 대처하는 법은 이후 조금 더 자세히 다루겠지만, 일단 여기서는 부정적인 반응에 부딪칠 수 있다는 것을 알아두자.

페이스북에서 나를 괴롭히는 사람이 있다면 그냥 내 마음을 다스리거나, 무시하거나, 다른 대처 방안을 찾을 수도 있다. 하지만 그가 계속 내게 접근할 수 있는 한, 그 행동을 반복하리라는 것은 자명한 사실이다. 그래서 선을 정하고 그 사실을 알렸지만 상대가 그 말을 무시한다면? '친구 끊기'를 누르고 뒤돌아보지 말자.

피플 플리저는 자신에게 필요한 일을 생각하는 것조차 힘겨워한다. 하물며 부정적인 결과를 무릅쓰고 계속 실천하기는 더욱 힘들다. 하지만 확고한 행동으로 내 선을 뒷받침하면 불안이 훨씬 줄어드는 것을 경험할 수 있다. 문제가 계속 곪으면서 커가는 불안을 견디는 것보다는 훨씬 나은 선택이다.

◇ **적절한 선,
  완고한 선, 흐린 선**

지금까지 선을 정하고, 설명하고, 강화하는 법을 설명했다. 앞서 말했듯 선은 상대에 따라 달라질 수 있다. 이제 상대가 (초대받았든 아니든) 선을 넘어 개인 공간에 들어오면 어떤 일이 벌어지는지 알아보자.

상대와 상호작용을 할 때 내가 선을 얼마나 진지하게 지키는지 보여주는 세 가지 기준이 있다. 적절한 선, 완고한 선, 흐린 선이다. 목표는 선을 균형 있게 지키는 것이다. 적당한 선은 내 인격을 강화하고, 감정적 반응을 조율하고, 진정한 의미에서 남을 돕도록 한다.

적절한 선

적절한 선을 긋는다는 것은 내가 감정, 관점을 적절하게 존중한다는 뜻이다. 남이 나를 이용하도록 내 핵심 가치를 타협하지 않는다. 사적인 이야기를 적절하고 건강한 방식으로 나누고, 상대의 거절에 잘 대처할 수 있다.

완고한 선

단호하게 선을 긋고, 자신을 난공불락의 성으로 탈바꿈한다. 이런 선의 단점은 친밀하거나 가까운 인간관계를 맺을 확률이 줄어든다는 것이다. 사람들이 거리감을 느끼고 멀어지며 완전히 관계에서 고립될 수도 있다. 그러면 다른 사람들에게 도움을 청하지 못하게 되고, 거절당할까 봐 무서워 취약한 상황을 피하게 된다.

완고한 선을 긋는 사람은 남에게 상처받고 싶지 않아서 자신이 노출되고 이용당할 상황에 처하지 않으려고 온갖 노력을 기울인다. 하지만 오히려 그 과정에서 자기 자신 때문에 상처받게 된다.

흐린 선

지나치게 흐린 선을 긋는 사람은 사람들이 제멋대로 선을 넘도록 놔둔다. 선이 흐리면 사적인 이야기를 지나칠 정도로 공유하거나 남의 문제에 너무 많이 관여하게 된다. "싫다"라는 말을 하기가 어렵고, 나를 이용하는 무례한 사람에게 나를 지나치게 열어 보인다. 솔직히 말해서 남에게 내 선의를 마음껏 이용하라고 허락하는 셈이나 다름없다.

선을 흐리게 긋는 사람은 상대를 너무 믿고 자신을 드러내는 탓에 이용할 생각이 없던 상대조차 이들을 이용하는 결과를 낳는다. 그래서 자신을 지나치게 노출하면서도, 그 결과로 자신에게 실망하거나 상처받는다.

위 내용을 읽었다면 항상 '적절한 선'을 목표로 삼아야겠다는 생각이 들 것이다. 물론 거기서 시작해도 좋다. 하지만 선을 적용하다 보면 특정 요소에 따라 기준을 조금씩 조절해야 한다는 것을 알게 된다.

가족과 좋은 관계를 유지하고 있다면 가족에게는 흐린 선을 긋는 게 좋다. 신뢰하지 않는 사람과 그럭저럭 지내는 사이라면 조금 더 완고한 선을 적용하면 된다.

특정 상황에서 선을 얼마나 조율할 것인가는 내게 달려 있다. 하지만 선을 극단적으로 완고하게, 또는 흐리게 그어야 할 상황은 거의, 어쩌면 전혀 없다. 완고한 선을 긋는 사람은 다가가기 어렵고 방어적이어서 마치 갑옷을 입고 돌아다니는 것과 마찬가지다. 한편 흐린 선을 긋는 사람은 지나치게 자신을 드러내고 순진해 보이는 경우가 많아 친해지기는 쉽지만, 나쁜 사람이 이용하려 들기 쉽다.

더불어 살아온 환경이나 문화권에 따라 감정을 드러내고 행동하는 기준이 다르다는 것도 고려하자. 어떤 문화는 매우 개방적이고 애정을 거리낌 없이 표현하는 반면, 어떤 문화는 보수적이고 딱딱하다.

여러 번 말했듯이 선을 정할 때 최우선으로 고려할 사항은 모든 것이 내게 달려 있다는 사실이다. 자신을 믿고, 자신의 욕구와 니즈, 가치관이 옳으며 내 감정도 다른 사람의 감정과 마찬가지로 중요하다는 것을 마음에 새겨두자.

◇ **실제 상황에서
선을 긋는 법**

모든 것을 미리 준비해 두면 항상 도움이 된다. 하지만 살다 보면 선이 침범당했다는 것을 알아차리고 상황에 맞춰 즉석에서 나를 지키기 위해 전략을 수정해야 하는 때가 오게 마련이다. 예기치 못한 상황은 항상 벌어진다. 이럴 때는 내 선을 지킬 방법을 알고 제대로 대처해야 한다.

언제나 명확한 메시지를 전달하자. 하지만 피플 플리저 습관을 버리려고 노력 중이라면 단호하되 간접적인 방식으로 내 입장을 전달하는 편이 더 나을 수 있다. 지금까지 모든 사람의 기분을 맞추는 데 익숙해져 있었던 만큼, 피플 플리저 성향을 떨치고 곧장 단호하게 행동하는 것은 애초에 불가능할 수도 있다.

예측하지 못한 상황에서 튀어나올 수 있는 몇 가지 주제와 감정에 대해 정리해 두었다. 상대가 눈치채 주기를 바라며 배려를 담아 에둘러 말하는 답변과, 강하게 말해야 할 때 쓸 직접적이고 간단명료한 답변도 함께 소개한다.

아래 답변을 여러 상황에 적용해 보자.

돈

돈은 누구에게나 필요하다. 금전적 도움이 필요한 친구나 동료가 한둘 있을 수도 있다. 단, 내 선을 존중하지 못하는 사람에게 계속 돈을 내줄 수는 없다.

- 간접적 답변: "상황이 참 안됐네. 그런데 지금은 자금 사정이 조금 딸려서 빌려줄 여유가 없을 것 같다."

- 직접적 답변: "계속 돈을 빌려주지는 못해. 나도 돈 들어갈 곳이 많으니까. 자기 앞가림을 할 방법을 찾도록 해."

시간

내 시간을 남에게 너무 많이 내주는 경우가 있다. 실제로 중요한 곳에 시간을 투자해야 할 때면 특히 문제가 되는 부분이다. 지킬 수 없는 약속은 하지 말고, 내 삶에서 중요한 부분에 쏟을 시간을 사수하자.

- 간접적 답변: "듣자니 정말 중요한 일인 것 같은데. 나도 공감하는 바지만, 안타깝게도 내 능력이 여기까지인 것 같아. 조금 더 시간이 날 때 다시 얘기해 보자."

- 직접적 답변: "지금은 도와줄 수가 없어. 도저히 시간이 안 나서 말이야."

악의적 비판

비난, 인신공격, 외모나 예절에 대한 모진 농담을 웃어넘겨도 되는 경우는 드물다. 하지만 충격과 상처를 받은 상태에서 제대로 대처하기는 어렵다. 아래 답변을 참고해서 가능한 한 빠르게 나를 방어하자.

- 간접적 답변: "진지하게 하는 말이 아니라는 건 나도 알지만, 그래도 네가 하는 말에 상처받았어. 내겐 민감한 문제거든. 이해해 주길 바라."

- 직접적 답변: "듣기 좋은 말은 아니네. 계속 그런 식으로 말한다면 같이 얘기하기 어렵겠어."

분노

의견이 맞지 않는 일은 언제든 일어난다. 감정이 통제를 벗어나면 상대가 상식의 선을 깨고 적대적이거나 공격적으로 변할 수 있다. 차분하되 강인하게 화를 가라앉히도록 유도하는 것이 중요하다.

- 간접적 답변: "화 조금 가라앉혔으면 해. 대화하기가 어렵잖아. 이 상황을 해결하려면 상식적으로 나와야지. 조금 더 차분하게 말해줘."

- 직접적 답변: "나한테 소리치지 마. 너 같으면 그냥 두고 보 겠어? 난 나가 있어야겠다. 조금 진정되고 나한테 그렇게 협박하듯이 말하지 않게 되면, 그때 다시 얘기하자."

시간 벌기

상대가 급하다면서 바로 결정을 내리고 요구를 들어달라고 청하는 경우도 있다. 그러나 비즈니스 업계에서 흔히 말하듯, 이들의 비상 상황이 곧 내 우선순위인 것은 아니다. 내 스케줄을 사수하자.

- 간접적 답변: "무슨 말씀이신지 알겠어요. 그런데 어떻게 하는 게 가장 좋을지 생각할 시간이 필요해요. 급하신 건 알겠는데, 생각해 보고 다시 말씀드려도 될까요? 그러면 제게 큰 도움이 될 것 같네요."

- 직접적 답변: "더 생각해 보지 않고 억지로 빨리 결정할 수는 없습니다. 조금 더 생각할 시간이 필요합니다. 지금 당장 답이 필요하시면 거절할 수밖에 없겠네요."

이처럼 예기치 못하게 상대가 선을 넘는 상황에 대처하는 법을 알아두면 피플 플리저 성향을 발휘하고픈 갑작스러운 충동을 쉽게 누를 수 있다.

◇ **후폭풍에 대비하자**

마침내 나를 존중하고 선을 긋고 지키겠다는 목표를 세웠다면, 언짢아하고 서운해하며 슬퍼하는 사람들이 등장한다. 벌컥 화를 내는 사람도 간혹 있을 것이다. 하지만 내 선을 단호히 지키면 장기적으로 인간관계를 진전시키고 내 편을 만드는 데 도움이 된다.

남들의 반응 때문에 내 선을 양보한다면 시간이 흐를수록 짜증이 쌓일 것이다. 상대 때문에 단념하지 말자. 친구, 가족, 동료들이 처음에는 내 결정에 실망하고 불만을 갖더라도 결국 나를 존중하고 내 선을 지키게끔 상황을 조성해야 한다.

제대로 된 사업 계획이 모두 그렇듯, 선 긋기의 성공 확률을 올리려면 일정 수준의 리스크를 감수해야 한다. 내가 선을 그으면 누군가가 화를 낼 수 있다는 것을 감안하자.

지나칠 정도로 화를 낼 것 같은 사람을 마주할 때는 굳게 마음을 먹어야 한다. 상대의 괴롭힘이나 선을 넘으려는 시도를 용인할 수는 없다. 내 동정심이나 호의를 계속 이용하거나 내 선을 무시하도록 내버려 두지 말자.

상대가 화를 낸다고 결심이 약해진다면 상황은 좋아지지 않을 것이다. 그 사실을 가능한 한 빨리 깨닫길 바란다. 선을 지켜달라는 요구를 '자진' 철회하면 더 불행해질 뿐이다. 시간이 흐르면 내가 느끼는 이러한 감정들은 원한과 증오로 변하게 된다.

그러나 상대가 분노할 때 굳건히 버티면 불편한 상황은 곧 끝날 것이다. 상대가 한동안 화를 내더라도 최소한 나는 나와 내게 중요한 것을 사수했다는 것을 알고 올바른 결정을 내렸기에 자신감이 붙을 것이다. 시간이 흐르면 상대의 분노도 잦아들 확률이 높고, 그러고 나서 관계를 다시 쌓아 올리면 된다.

상대가 화를 내는 것은 내가 아니라 상대의 문제다. 다시 말하지만, 내가 책임져야 하는 것은 내 행동뿐이다. 상대 또한 자신의 행동에 책임이 있다. 내가 일정한 입장을 유지하고 선에 대한 신념을 확고히 지킨다면 상대도 남을 존중해야 한다는 사실을 드디어 알아차린다.

　화난 사람이 던지는 미끼를 물지 말자. 상대의 분노가 걷잡을 수 없이 불타오른다면 평정심을 유지하는 데 집중하자. 상대가 화를 내며 대화를 적대적인 분위기로 끌고 가도록 두지 말자. 이런 상황에서는 오히려 차분하게 행동하는 것이 단호함을 보여줄 수 있다. 상대가 마음껏 화를 내도록 두고 조용히 내 할 일을 해야 한다.

　피플 플리저는 눈앞의 상대가 화를 내면 곧장 기분을 풀어주고 분위기를 무마하려고 전전긍긍한다. 무의식적으로 자주 하는 행동이다. 하지만 상황을 무마하려는 충동을 잘 이겨내야 한다. 상대에게 내 에너지를 소모하도록 넘겨주는 꼴이 될 뿐이기 때문이다.
　선 긋기를 포함해 내 결정에 상대가 화를 낼 경우의 대책은 놀라울 만큼 간단하다. 아무것도 하지 않는 것이다. 항상 쉬운 일은 아니지만 십중팔구 최선의 대책이라는 것을 명심하자.
　피플 플리저 모드에서 벗어나려면 선을 긋는 것이 얼마나 중요한지 이해하고, 내 선이 어디인지 파악하고, 선을 사수하고, 선을 넘는 사람이 있으면 적극적으로 제재를 가해야 한다.

이렇게 강인한 인격을 손에 넣으면 내 가치관과 신념을 되새기고, 모두를 만족시키려는 굴종적인 위치에서 마침내 벗어날 것이다.

요약 정리

- 단단하고 명확한 선은 나의 피플 플리저 성향과 나를 이용하려는 주변 사람에 대항하는 최고의 방어선이다. 그러나 선이 머릿속에서만 존재해서는 안 된다. 그리고 사람들이 선을 지킬 이유를 잊을 만큼 유동적이어도 문제다. 선은 명확히 긋고 예외 없이 적용해야 한다.

- 먼저 내 핵심 가치와 표면 가치가 무엇인지 파악함으로써 내게 맞는 선을 정해야 한다. 그래야만 무엇을 지키고 무엇을 양보할지 알 수 있다. 선을 정했다면 남들에게 알리자.

- 선을 알린 뒤 상대가 내 선을 넘으면 제재를 받아 마땅하다. 어떤 제재든 가능하다. 아무것도 안 하지만 않으면 되는 것이다. 아무런 제재를 가하지 않으면 선이 흐려져서 선이 아예 없는 것과 마찬가지가 된다. 단, 지나치게 완고한 선을 긋지 않도록 주의하자.

- 선을 그으면 부정적인 반응에 직면하게 된다. 대처 방안을 마련해 두되, 그래도 쉽지 않다는 것을 알아두자. 사람들은 거절을 싫어하게 마련이지만, 문제는 내가 아니라 그쪽에 있다.

6장 | 거절의 기술

: 쉬워 보이지 않는
 사람의 비밀

'거절하기'는 궁극적인 자기주장이다. 사람은 대부분 남의 기분을 맞춰주길 좋아하며, 줄곧 말했듯이 그런 성향이 딱히 개인의 잘못은 아니다. 개중에는 상대의 요구를 무의식적으로 승락하는 경우도 많다.

지금까지 인간관계를 유지하면서 거절을 하지 못하고 갈등이나 실망을 야기했던 적이 있었을 것이다. 확고한 선을 긋지 않거나, 앞서 언급한 여러 이유로 단호하게 행동하지 못한 경우도 있었을 것이다. 이처럼 속으로는 거절하고 싶은데 승낙하는 경우, 결과는 모두 같다.

이번 장에서는 남의 요구를 거절하지 못할 때 찾아오는 결과를 다룬다. 이 책을 읽으면서 당신은 거절의 필요성과 더불어 남의 부탁을 거절하지 못하는 피플 플리저 특유의 심리를 파악했을 것이다. 그렇다고 해서 하루아침에 거절의 달인으로 변신하고 내적 긴장을 떨칠 수 있는 것은 아니다. 솔직히 말해 거절 상황에서 겪는 긴장에 완전히 익숙해지지는 못할지도 모른다. 하지만 적어도 우아하고 부드럽게 거절의 메시지를 전하는 구체적인 방법과 전략은 충분히 배울 수 있다.

◇ "못 해"와 "안 해"

놀랍게도 '자신에게 어떻게 이야기하는가'는 남의 요구를 거절하는 능력에도 큰 영향을 미친다. 옥스퍼드에서 발행하는 《소비자연구 저널Journal of Consumer Research》은 학생 120명을 '못 해' 집단과 '안 해' 집단으로 나누어 연구를 진행했다.

'못 해' 집단은 유혹을 느낄 때 "나는 ○○을 못 해"라고 스스로에게 말하도록 했다. 이를테면 초콜릿을 먹고 싶을 때, "나는 초콜릿을 못 먹어"라고 말하는 것이다. 반면 "나는 ○○을 안 해"라고 말하도록 지시받은 '안 해' 집단은 "나는 초콜릿을 안 먹어"라고 되뇌었다.

연구 결과, '안 해' 집단의 거절 능력이 훨씬 뛰어났다. 표현을 약간만 바꿔도 (유혹에 저항하고 목표 지향적인) 거절을 훨씬 성공적으로 할 수 있었던 것이다.

"못 해"라고 말하면 스스로 만든 한계를 일깨우는 셈이다. 뇌에 '원하는 일이지만 하지 못 해'라는 피드백 루프feedback loop를 만드는 것이다. "못 해"라는 말은 자제력을 발동시키는데, 알다시피 자제력은 그리 믿음직한 존재는 못 된다.

반면 "안 해"라고 말하면 내가 상황을 통제할 수 있다는 사실을 일깨워 주는 피드백 루프가 만들어진다. 따라서 상황에 휘둘리지 않게 된다. 자제력을 발휘할 필요가 없으므로 오히려 쉽게 욕구에 저항할 수 있다. 이처럼 자신에게 말할 때 글자 하나를 바꾸는 것만으로도 행동을 변화시킬 수 있다.

남들도 마찬가지다. "안 해"는 단호하게 선을 긋는 반면 "못 해"는 설득하고 구슬릴 여지가 있는 열린 답변 같은 느낌이다.

다이어트를 하는 중인데 칼로리가 높은 디저트를 권유받았다 치자. "못 먹어"라고 생각하면 다이어트 때문에 참아야 하는 것들을 상기하게 된다. 그러면 의지를 발휘해서 거절해야 한다. 그러나 같은 상황에서 "안 해"라고 말하면 칼로리가 높은 음식은 먹지 않기로 했다는 결정을 일깨워 준다. 그러면 상황에 휘둘리는 대신 이미 해둔 결정을 실행에 옮기기만 하면 된다.

"안 해" 전략은 일상에서도 유용하게 쓸 수 있다. "친구들의 설득 때문에 하기 싫은 일을 하지는 않아" 또는 "나는 식사 시간이 아니면 먹지 않아"라고 말하면 유혹을 뿌리치거나 거절하기가 훨씬 쉽다. 또한 자신에게 힘을 실어주므로 목표를 달성하기도 훨씬 쉬워진다. "안 해"라는 말은 나와 부탁하는 사람 모두에게 쓸 수 있다. "안 해" 전략을 활용해서 입장을 미리 정하고 그대로 행동해 보자.

◇ **한데 묶어 거절하자**

남의 부탁을 자주 받는 사람이라면 상대의 요구를 거절할 때도 "안 해" 전략을 적용할 수 있다. 이때, 요구를 각기 고민해 보는 대신 아예 한 범주 전체를 묶어서 거절하는 것도 좋다. 요구를 받을 때마다 "할 수 있어" 또는 "못 해"라고 결정하기보다 특정 범주에 속하는 요구를 모두 거절하면 훨씬 효과적이다. 예컨대 "죄송합니다만 그런 종류의 미팅은 이제 하지 않습니다"라고 말하는 것이다. 이렇게 하면 남이 무언가를 요구할 때마다 의사결정을 할 필요가 없고, 따라서 거절하기도 훨씬 쉬워진다.

하고 싶거나 꼭 필요한 일인 경우에는 예외를 두면 된다. 일괄적으로 거절한 다음 예외를 두는 편이 그 반대의 경우보다 훨씬 쉽다. "못 해" 대신 "안 해"라고 말할 때처럼, 일정 범주에 속하는 요구를 모두 거절하면 사람들은 대부분 그 선을 받아들인다. 단, 예외를 자주 두면 여지가 생겨서 계속 설득하려 들 테니 주의하자.

오랜 친구 잭은 베스트셀러 범죄소설 작가다. 그래서 책 관련 모임에 참석해 달라는 요청을 자주 받곤 한다. 대여섯 명에서부터 수백 명에 이르는 다양한 규모의 모임 요청에 파묻힌 잭은 결국 나름의 기준을 정했다. 스무 명 이하의 모임에는 참석하지 않고, 5월에서 8월 사이에는 차기작을 쓰고 방학을 맞은 아이들과 시간을 보내야 하므로 모든 초대를 거절한다는 것이었다. 이렇게 기준을 정하고 나자 요청을 대부분 쉽게 거절할 수 있었다. 이처럼 포괄적인 기준을 세우고 예외만 검토하면 일이 훨씬 쉬워진다.

거절에 익숙하지 않다면 특정 범주에 속하는 요구를 일괄적으로 거절하는 데서 시작해 보자. 남이 부탁을 하면 일단 다

거절하겠다고 마음먹자. 범주를 정해두고 해당되는 요구는 자동으로 거절하면 된다. 그런 다음 정말 하고 싶은 일만 재검토를 거쳐 수락하자. 하지만 되도록이면 거절하자.

주변에 반복적으로 요구를 하는 사람이 있다면 요구 자체를 선제적으로 거절하는 게 나을 수도 있다. "이달 말에 이사하기로 했지? 그런데 이번에는 도와주기가 조금 어려울 것 같아. 애들이랑 조금 더 시간을 보내야겠다고 와이프랑 얘기해서 말야."

◇ 인간관계를 언급하자

거절은 어찌 되었든 부정적인 말이다. 그래서 제대로 된 거절의 여러 장점에도 불구하고 피플 플리저처럼 행동하는 데 익숙해진 사람은 거절의 말을 쉽사리 하지 못한다. 어떤 핑계를 대든 상대는 거절을 거부의 표시로 받아들일 테니 말이다.

(정중한 태도로, 정당한 이유를 들어 말하더라도) 딱 잘라 거절하면 상대가 나를 보는 시각에 영향을 미칠 수 있다. 쌀쌀맞고 불친절하고 마음이 좁은 사람이라고 생각할 수 있다. 실제로 그

렇든 아니든, 거절의 말에는 상당한 부정적 힘이 있다. 하지만 남의 요청을 들어주기에 내가 짊어진 일이 너무 많다면 어떻게 내 시간을 사수할 수 있을까?

와튼스쿨 경영대학원 교수이자 베스트셀러 저자인 애덤 그랜트Adam Grant는 이럴 때 다른 인간관계를 언급하도록 조언한다. "내가 너를 도와주면 남들이 서운해할 거야"라며, 요청을 거절할 때 다른 사람에 대한 책임과 의무를 함께 언급하면 된다.

친구가 오랫동안 집을 비우는데 집을 봐달라고 한다 치자. "지금 일이 너무 많아서 말야… 애들한테 맞춰서 남편이랑 집을 리모델링하고 있는데 너무 챙길 게 많더라고. 나보다 신경써서 집을 봐줄 만한 사람을 찾는 게 나을 것 같아."

직장에서 업무를 대신해 달라는 요청을 받으면 이렇게 말해보자. "유감이지만 지금 중요한 프로젝트를 하고 있어서… 하고 싶은 일을 다 할 만한 역량이 안 되네."

이 방법은 내가 배려심 있는 사람이라는 것을 암시하기 때문에 효과적이다. 내게 의지하는 다른 사람이 있다거나 일이 너무 많아서 돕지 못한다는 사실을 전달하는 것이다. 그러면 상대방의 서운한 마음도 줄고, 거절했다는 이유로 쌀쌀맞은 사람으로 낙인찍힐 위험도 사라진다.

이 방법은 피플 플리저 성향에서 벗어나려는 사람에게는 특히 유용하다. 상대가 이미 나에 대해 갖고 있는 긍정적인 평판을 유지하는 데 도움이 되기 때문이다. 이 방법을 쓰면 하루아침에 무책임한 예스맨에서 딱 잘라 거절하는 사람으로 돌변하는 것을 방지할 수 있다.

◇ **조건부 승낙과 우선순위**

할 일이 너무 많은 상황에서 누군가 새로운 요구를 하면 일정은 더 빡빡해진다. 상대의 요청에 응할 경우 생산성이 떨어진다면 직장, 공공장소, 집 등 어디서든 요구를 거절해야 한다. 그래도 상사처럼 권위 있는 사람이나 실망시키고 싶지 않은 중요한 사람의 요청이라면 여전히 거절하기가 무척 어려울 것이다.

이런 상황에서 부드럽게 거절하는 또 하나의 방법은 조건부로 승낙하는 것이다. 상대 요청에 동의하되, 동시에 요구를 들어줄 여유가 생기게끔 내가 맡고 있는 다른 일들 중 어떤 것을 덜어내면 좋을지 물어보자.

우선순위를 재정립하는 방법은 특히 직장에서 상사에게 대응할 때 유용하다. "내년도 예산안 작업 말씀이시죠? 당연히 도와드려야죠. 그 작업에 집중하려면 다른 업무를 잠깐 미뤄야 할 텐데… 마케팅 발표나 기록물 사업 중 어느 쪽을 나중에 하면 될까요?"

이 방법은 사적인 상황에서도 효과적이다. "이번 주말 이사? 물론 도와줄 수 있지. 그러려면 본가 모임이나 우리 애 발레 공연에 빠져야 하거든. 너라면 어느 쪽을 안 갈 것 같아?"라거나 "거실 페인트칠 거들어줄게. 그러려면 차고 정리나 텃밭 일 중에 하나를 뒤로 미뤄야 하는데, 어느 쪽이 나을까?"라고 말하면 된다.

이 방법에는 여러 장점이 있다. 일단 요구를 수락하기 때문에 긍정적인 메시지를 전달하고, 도와주고 싶다는 의지를 피력할 수 있다. 상대에게 어떤 일을 미룰지 물어봄으로써 (실은 내가 결정을 내리는 주체인데도) 선택지가 있다는 느낌을 준다. 무엇보다도 "지금 맡은 일이 너무 많아"라는 사실을 은근히 알려줄 수 있다. 상대가 너무 많은 것을 요구했고, 변덕스러운 요구를 모두 들어줄 생각은 없다고 넌지시 전하는 것이다.

게다가 일이 많지만 체계적으로 스케줄을 잘 관리하는 사람이라는 이미지도 심어줄 수 있다. 끝으로 최대한 정중하게 선을 그을 수 있다. 피플 플리저 성향에서 벗어나려 노력하고 있다면 이런 단계는 필요 불가결하다.

◇ 선제적 거절로
　기반을 닦자

　습관적으로 이것저것 부탁하는 사람이 주변에 한둘쯤 있을 것이다. 그들이 방에 들어서는 순간 '이번에는 또 무슨 부탁을 하려나?' 싶을 정도다. 이런 사람에게는 언젠가 한 번은 거절할 수밖에 없다.
　이 경우 절묘한 거절 방법이 있다. 요청을 받기 전에 미리 거절하는 것이다. 조만간 뭔가 부탁할 게 분명한 사람과 대화를 나누거나 미팅을 할 때 미리 거절의 씨앗을 뿌려두자. 나중에 거절할 때 핑계로 쓸 수 있도록 지금 하고 있는 온갖 일에 대해 미주알고주알 이야기하면 된다. 부탁을 받기 전 미리 한다는 점만 다를 뿐, 앞서 다룬 인간관계를 언급하는 방법과 비슷하다.

얼마나 바쁜지, 돈이나 일손이 얼마나 빠듯한지 설명하자. '상대를 제외한' 다른 사람들에게 거절을 할 수밖에 없었던 이유를 말하자. 가령 우리 집에서 오랫동안 신세를 져야겠다고 부탁할 것 같은 친구와 이야기를 나누고 있다고 치자. "우리 집은 정말 비좁아. 나만의 개인 공간이 전혀 없다니까. 발 디딜 틈도 없어서 차 한잔하자고 사람을 부르지도 못할 정도야"라고 말하면 어떨까.

직장의 누군가가 새로운 업무를 떠맡길 성싶으면(특히 회사가 업무 분장을 앞두고 있다는 것을 미리 알 경우) 이렇게 말해보자. "요즘 너무 바쁘네. 새로 할 업무가 너무 많아서 일정을 정리 중이야. 어떻게 이걸 다 할 수 있을지 모르겠어."

이 방법은 앞으로 한동안 거절할 핑계를 만들어주기 때문에 효과적이다. 지금 일정이 꽉 차 있어서 새로운 일을 떠맡을 만한 여유가 없다는 인상을 심어준다. 그럼에도 요청을 해온다면 어떻게 해야 할까? 이미 언급했던 이유를 상기시키면 된다. "전에 말했던 것처럼 지금 일이 너무 많아서 말이야."

선제적 거절의 궁극적 목표는 내가 도와줄 여력이 안 된다는 것을 사람들이 미리 알고 애초에 부탁을 하지 않는 것이다. 피플 플리저 성향에서 탈출하려는 사람에게는 꿈같은 말이다.

거절하는 데 익숙해지면 상대가 부탁할 일을 떠올리기도 전에 선제적으로 거절할 수 있게 된다. 입장료가 비싼 풋볼 경기에 같이 가자고 청할 것 같은 친구가 있다면 미리 말해두자. "요즘 완전 빈털터리야. 일을 더 받아야 해서 올해는 야구도 못 보러갈 것 같아."

◇ 단순하게 거절하자

최고의 거절은 단순하고 간단하다. 요령은 없다. 그저 거절에 따르는 불편과 긴장을 견디면 된다. 오랫동안 수동적으로 행동해 왔다면 상대는 내 거절에 놀랄 것이다. 그리고 자신감 있고 주도적인 성격을 가진 상대라면 분명 나를 다시 설득하려 들 것이다. 애초에 이런 사람은 내 무른 성격 탓에 나와 어울리는지도 모른다. 이미 정해진 관계의 역학을 바꾸기는 쉽지 않다. 관계를 재설정할 때 반발과 충격이 따르리라는 것을 미리 알아두자.

이렇게 궁지에 몰렸을 때 할 수 있는 최악의 선택은 내 결정을 번복하는 것이다. 그랬다간 상대가 부탁을 할 때마다 같은 곤경에 처할 것이다. 내가 거절해도 다시 구슬리면 된다고 생각할 테니 말이다. 이럴 때는 고장 난 레코드처럼 행동하자. 매번 부탁을 빠르고 간단하게 거절해서 협상의 여지를 남기지 않아야 한다. 여지가 있다는 인상을 주면 상대에게 계속 나를 설득하라고 격려하는 꼴이다.

순간을 견디자

거절할 때 가장 힘겨운 순간은 대개 거절한 직후다. 그 순간에는 도움을 주고 싶고, 계속 말을 잇고 싶고, 거절이 초래한 긴장을 덜기 위해 뭐든 하고 싶어진다. 마음이 약해지는 때도 대개 이 시점이다. "정 제 도움이 필요하시면, 어쩌면 제가 이렇게 해볼 수 있을지도요…"라든가 "내키지는 않지만, 그래도…"라고 말하는 것이다. 단호했던 태도가 흔들리기 쉬우니 유혹에 저항하고 말문을 닫자.

거절할 때는 핑계를 댈 필요가 없다는 사실을 기억하자. 바쁘다거나 권한이 없다는 등 뭐든 이유를 댈 수 있겠지만 그러지 않아도 된다. 그럼에도 말끝에 이유를 붙이고 싶다면 짧고 간단하게 끝내고 세세한 설명은 접어두자. 자세하게 설명할수록 상대가 파고들 틈을 주는 셈이다. "아침에 고양이를 산책시켜야 해서 이사를 도와줄 수가 없네"라고 말한다면, "고양이는 원래 산책시키면 안 되는 동물 아니야?"라고 반란이 이어질 수 있다. 애초에 논쟁거리가 될 만한 말을 하지 말자.

구구절절 설명하지 않는 편이 낫다. 대안을 생각해 내거나 거절을 상쇄할 만한 무언가를 내줘야 한다는 압박에서 벗어나자. 그저 거절로 충분하다. 더 이상의 설명은 필요 없다. 거절의 말은 그 자체로 완성된 문장이다.

장애물을 만들자

단답형으로 거절하지 못하거나 곧장 거절할 수 없다면, 또 하나의 선택지는 결정을 미루거나 연기하는 것이다. 생각해 보겠다고 말하자. 필요할 경우, 요청을 들어줄 수 있도록 뭔가를 해달라고 역으로 상대에게 부탁하는 것도 좋다. 요청을 숙고하는 데 도움을 달라고 상대에게 짐을 지우는 것이다. 다음 사례를 살펴보자.

조나단은 무척 똑똑한 친구다. 기업의 자문으로 활동 중인 그는 언제나 스펀지처럼 그에게서 정보를 빨아들이려는 사람들로부터 커피 약속을 잡자는 말을 듣는다. 당연하지만 모두의 요청을 들어줄 시간은 없다. 조나단은 거절 빈도를 낮출 방법을 찾았다. 요청을 수락하기 전 상대가 뛰어넘어야 하는 장애물을 마련한 것이다. 누가 커피를 마시자고 하면 어떤 이야기를 왜 나누고 싶은가에 대한 이메일을 먼저 보내달라고 한다. 그러면 99퍼센트의 사람들이 더 이상 연락하지 않는다.

조나단의 방법을 활용하면 아무런 기여를 할 생각도 없이 나를 이용하려는 사람을 거를 수 있다. 내가 요청을 고려할 수 있게끔 상대가 이행해야 하는 조건을 붙이자. 시간과 여유를 벌 수 있을뿐더러 대부분의 사람은 조건을 충족하기 귀찮아서 절대 다시 연락해 오지 않을 것이다.

또 다른 방법으로는 "지금은 확실히 모르겠는데 나중에 다시 물어봐 줄래?"가 있다. 이런 식으로 남에게 짐을 옮겨 지우면 게으름 탓에 나를 가만히 놔두거나 아예 잊어버릴 것이다. "지금은 곤란하지만, 상황이 바뀌면 생각해 볼게"라고 활용해 볼 수 있다.

미끼를 바꾸자

거절하기가 어렵다면 미끼를 바꾸는 것도 한 방법이다.
"그건 안 되지만 이건 가능해."
"하루 종일 이사를 도울 수는 없지만 두 시간 정도는 낼 수 있어."

"이번 주말에는 약속 잡기가 곤란한데, 다음 달 언제쯤 꼭 시간을 내볼게요."

"이사회에 합류할 수는 없습니다만, 시간될 때마다 자문에 응할 수는 있습니다."

부탁 자체는 거절하되 위로조로 작은 호의를 건네는 방법이다. 상대가 호의를 받아들일 수도, 사양할 수도 있다. 더 본격적인 대안을 내놓을 수도 있지만 굳이 그렇게 하지 않아도 된다. 이 방법의 경우 내 호의가 적극적으로 드러나기 때문에 실질적인 거절을 감출 수 있다. 이렇게 작은 제안을 하면 사람들은 신경 쓰지 않아도 된다고 말할 가능성이 높다.

더 좋은 방법은 구체적인 내용을 말하지 않고 최대한 가능성을 열어두는 것이다. 대부분의 경우 미끼를 내걸면 부탁이나 의무에서 벗어날 수 있다. 이 전략은 눈앞의 요구 대신 작은 무언가를 수락하기 때문에 거절 상황에 따르는 긴장을 완화해 준다.

상대 때문에 거절하는 것이 아니라고 밝히자

거절할 때는 입장을 바꾸어 내가 거절당하면 기분이 어떨지 상상이 되어 마음이 무거워지게 마련이다. '부탁을 거절하는 걸 보니 내 일에는 전혀 신경 쓰이지 않나 봐. 섭섭하네'라고 생각하지 않을까 걱정이 된다. 그래서 거절할 때는 상대방 때문이 아니라 눈앞의 구체적인 상황 때문에 거절한다는 것을 밝혀야 한다. 두 가지를 따로 떼어놓고 생각하길 어려워하는 사람도 있는데, 곤란한 상황에 집중하는 편이 말하는 입장에서나 듣는 입장에서나 훨씬 쉽다.

친구가 파티에 초대했는데 안 좋게 헤어진 전 애인도 참석한다는 소식을 들었다. 이러한 상황이라면, 친구와 시간을 보내는 게 싫어서 파티에 불참하는 게 아니라 헤어진 애인이 오기 때문이라고 강조해야 한다. 아쉬운 마음을 약간 표현하면 금상첨화다.

"너랑 노는 게 기대되어 꼭 가고 싶었는데 도저히 그 사람 얼굴을 볼 자신이 없어."

사람들은 자신이 존중받았다고 느끼면 거절을 훨씬 쉽게 받아들이는 법이다. 주어진 상황과 받아들일 수 없는 이유를 설명하는 데 집중하자.

부탁 돌리기

거절할 때는 "응, 그런데…"라고 말해보자. 부탁을 남에게 돌리는 것이다. 내가 아닌 다른 사람이 적임자라고 제안함으로써 살짝 빠져나오자. 이렇게 하면 부탁한 사람의 문제를 내가 직접 해결해 주지는 못하지만, 문제를 해결할 방법을 찾는 데 도움을 줄 수 있다. 무엇보다도 부탁한 상대에게 대놓고 거절하지 않아도 된다.

공항에 데려다 달라는 부탁을 받았다고 치자.

"아, 나는 운전이 서툴러서 고속도로를 타면 긴장이 돼서 말야. 그런데 테드는 운전도 잘하고, 어쩌면 그날 시간이 날지도 몰라!"

테드에 비해 내가 부족한 것처럼 말하면 성공적으로 테드에게 일을 미룰 수 있다. 자기 문제를 해결하려고 부탁을 해오는 상대에게는 내가 바람직하지 않은 해결책이라는 것을 알려주고 더 효과적인 대안을 제시하자.

남의 요구를 거절하는 것은 중요한 능력이다. 거절하는 법을 배우면 내 삶과 시간에 대한 통제권을 되찾고, 하고 싶지 않은 일을 피할 수 있을 것이다. 제대로 된 방식으로 거절하는 법을 익히면 긴장, 갈등, 분란을 겪지 않아도 된다. 남의 요구를 거절하지 못하는 삶은 내가 아니라 남을 위해 사는 삶이다.

다른 모든 능력과 마찬가지로 거절하는 능력도 후천적으로 몸에 익히는 기술이다. 당신도 거절하는 법을 배울 수 있다. 시간과 연습이 어느 정도 필요할지도 모르지만 거절에 능숙해지면 남아도는 시간에 뭘 할지 들뜬 마음으로 생각하게 될 것이다.

앞서 말했듯, 거절하는 태도를 보이면 어느 정도 반작용을 경험하게 된다. 이번 장에서 다룬 효과적인 방법들을 활용하더라도 약간의 반발은 감수해야 한다. 지금까지 모든 요구를 들어주었다면 내가 군소리 없이 문제를 해결해 주는 데 익숙해진 상대는 필요 이상으로 섭섭해할 수도 있다. 이제 상황이 바뀌었으니 초기에는 어느 정도 반발이 있을 수밖에 없다.

그러나 시간이 흐르면, 반발은 줄고 바라건대 존중으로 바뀔 것이다. 그리고 사람들은 당신을 그저 모든 부탁을 들어주는 사람이 아니라 책임감 있고, 체계적이고, 사려 깊은 사람으로 바라볼 것이다.

요약 정리

- 거절하는 것은 일상에서 겪는 가장 어려운 상황 중 하나다. 거절할 때마다 소소한 갈등이 일어나기 때문이다. 그러나 거절은 삶의 일부이며, 부드럽게 거절하고 긴장을 완화하는 다양한 방법이 있다.

- "못 해"가 아니라 "안 돼"라고 말하자. 전자는 협상의 여지가 있는 반면, 후자는 내 입장을 단호하게 전할 수 있다. 일정 범주를 묶어서 거절하는 습관을 들이자. 내게 예외를 두지 않는 입장이 있다는 것을 보여줄 수 있다.

- 거절하는 방법은 다양하다. 당신도 이미 몇 가지는 알고 있을 것이다. 그중에서도 '아니'라는 완성된 문장은 가장 간단한 거절의 말이다. 피플 플리저로 살아온 역사가 있다면 사람들이 강하게 반발할지도 모른다는 것을 알아두자.

- 다른 거절 방법으로는 일이 많아서 상황이 여의치 않다며 선수를 쳐 거절의 씨를 뿌려두기, 다른 인간관계 때문에 독자적으로 행동하기 어렵다고 말하기, 모든 일을 한꺼번에 처리할 수 없다고 말하기, 거절에 단서를 달고 싶은 마음 참기, 상대가 넘어야 할 장애물 만들기, 부탁을 거절하는 대신 작은 호의를 베풀기, 상대가 아니라 상황에 집중하기, 적임자에게 부탁 넘기기 등이 있다.

총정리
가까이 두고 자주 읽으며 마음에 새기자

1장 피플 플리저의 탄생: 인정과 칭찬에 목매는 사람들

- 남을 기쁘게 하려는 욕구는 친절하고 이타적인 것처럼 보일지 모르지만 실은 가장 이기적인 마음이다. 피플 플리저 성향은 인정 욕구, 두려움, 불안, 그리고 '나는 부족한 사람이므로 남들의 욕구를 충족시킴으로써 내 가치를 올려야 한다'는 애잔한 믿음에 바탕을 두고 있다.

- 피플 플리저 성향의 원인은 다양하지만 그 역학은 언제나 같다. 남의 인정을 바라지만, 이를 부정당해서 다른 방식으로 나를 증명하려는 과정에서 비롯한다. 경험을 통해 남의 요구를 들어주면 더 나은 대접을 받는다고 느끼면서 피플 플리저 성향은 기질로 굳어진다.

- 이 같은 강박은 스포트라이트 효과로 인해 한층 악화된다. 스포

트라이트 효과란 모두가 나를 항상 지켜보고 있다는 왜곡된 믿음이다. 이는 보통 사람에게도 좋지 않지만 피플 플리저에게는 더욱 악영향을 미친다. 불안도가 올라가 바람직하지 못한 행동을 하게 되기 때문이다.

• 명심하자. 피플 플리저로서 살아가는 것은 해롭다. 단기적으로는 바라던 대로 인정을 받을지 몰라도 부질없고 진실되지 못하며, 결국 좋지 못한 결과를 맞이한다. 울화와 분노가 마침내 화산처럼 폭발하거나 지나치게 많은 과제를 해결하느라 내 행복과 건강을 희생하는 식이다. 그뿐만이 아니라 자신을 순종적 위치에 놓고 항상 가면을 쓰고 있기에 모든 인간관계가 왜곡될 수밖에 없다.

2장 피플 플리저의 메커니즘: 나는 왜 타인에게 잘 보이고 싶은가

• 남의 기분을 맞추는 원인은 다양하다. 이 원인들은 모두 남과 나를 비교 선상에 놓고 판단하는 데서 비롯한다. 간단히 말해 나와 상대가 같은 위치에 있지 않고, 내가 어떤 면에서든 열등

하거나 떨어진다고 생각하는 것이다. 이런 믿음은 피플 플리저 성향을 부채질하고, 심지어 피플 플리저 성향에 보상을 주는 역학적 관계를 만들어낸다. 이렇게 잘못된 생각을 야기하는 원인은 주로 네 가지로 나뉜다.

- 첫째, 인간관계를 편향되게 정의한다. 내가 손해를 입을 만큼 남을 챙기는 것을 우선시한다. 이런 신념이 있으면 그에 반하는 행동을 시도할 때마다 엄청난 죄책감에 시달린다.

- 둘째, 자기가치감이 낮다. 내가 상대와 동등하지 않다고 여기거나, 남들이 내 모습을 그대로 받아들이지 않을 거라 여긴다. 그래서 남이 나를 인정할 유일한 방법은 온갖 수를 써서라도 남의 기분을 맞춰주는 것이라 믿는다.

- 셋째, 어렸을 때부터 마음이 넓고 친절하게 행동하는 것이 훌륭한 자질이라는 가르침을 받고 자랐다. 일부 피플 플리저는 이 교훈을 확대 해석해서 '자신을 우선시하는 것은 이기적이고 부정적인 태도'라고 생각한다.

- 넷째, '정면 승부'를 두려워한다. 긴장감과 불편감이 너무 싫어서 갈등 상황을 회피하려고 지나치게 애쓴다. 분란을 일으키고 싶지 않으므로 그저 눈에 띄지 않고 조용히 있는 데 집중한다.

3장 사고방식의 재구성: 남의 기분을 맞춰야 한다는 착각

- 평생 피플 플리저 노릇을 하며 형성되는 왜곡된 사고방식을 재정립해야 한다. 고정관념을 바꾸는 데는 인지행동요법이 효과적이다. 고정관념을 깨고 부정적 패턴을 인식하자. 쉽게 떠올릴 수 있도록 '자나비다'라는 머리글자를 활용하면 좋다. '자'는 자책하기, '나'는 나쁜 면에 집착하기, '비'는 비관적으로 예측하기, '다'는 다 나쁘게 생각하기를 가리킨다.

- 이기적으로 행동하자. 이기심은 언제나 나쁜 것이라는 고정관념이 있지만, 사실 사람은 남을 챙기고 싶을 때도 이기적으로 행동할 수 있어야 한다. 그래야만 내 역량을 전부 발휘할 수 있기 때문이다. 긍정적인 이기심은 남을 희생시키는 것이 아니라 내 몸과 마음을 중시하는 것이다.

- 자신을 인정하고 사랑해야 한다. 나와의 관계는 다른 모두와의 관계를 결정짓는다. 내게 온정적으로 대하자. 나를 존중하는 것은 내 선택에 달려 있다. 스스로 자신에게 불가능한 기준과 기대를 들이대기 때문에 어렵게 느껴질 뿐이다.

- 자기주장을 내세우는 것은 나쁜 일도, 남을 공격하는 태도도 아니라는 사실을 깨달아야 한다. 남의 입장이라면 어떻게 행동했을지 생각해 보고, 특정 상황에서 양쪽 모두 이익을 얻을 방법을 떠올려보자.

- 갈등 상황을 수용하고 편안하게 받아들여야 한다. 갈등에 대한 두려움을 극복하는 데는 노출 요법이 효과적이다. 내게 맞는 두려움 사다리를 만들어보자. 두려움 사다리를 오르다 보면 긴장에 익숙해지고, 두려움을 직시해도 나쁜 결과가 닥치지 않는다는 사실을 알게 된다.

4장 습관 바꾸기: 나를 먼저 존중하는 법

- 피플 플리저 성향은 시간이 흐를수록 습관, 즉 세상을 향한 자동적 반응으로 굳어진다. 의도가 어떻든 본능적으로 남의 기분을 맞추기 바쁘다면 자주적으로 살 수 없다. 이렇게 자기 파괴적인 패턴을 깨려면 무의식적인 습관을 고쳐야 한다.

- 내가 피플 플리저처럼 행동하는 이유를 자각해야 한다. 그러면 자유의지로 친절한 행동을 하는 경우가 아닐 때 그 사실을 깨달을 것이다. 내 행동 뒤에 숨겨진 동기를 이해하려면 다섯 번 연속해서 '왜'가 들어가는 질문을 스스로에게 던져보자.

- 자율성을 키우고 남의 의견과 생각에서 자유로워지자. 자신의 의견과 생각을 중시하고 남에게 종속적으로 행동하지 말자.

- 일을 줄이고 일방적인 인간관계를 만들지 말자. 지금까지 사람들이 내게 의지하도록 길들여 왔을 뿐이다. 상황을 바꾸고 싶다면 상대가 스스로 행동할 수 있는 여유를 주어야 한다.

- 과거는 잊어버리자. 과거는 지금 나를 만들었지만, 내 경험과 기억, 그리고 나라는 사람은 서로 다른 존재다. 과거의 일 때문에 행동하는지, 아니면 자유의지에 따라 행동하는지 파악하자.

- 압박에 굴하지 말자. 피플 플리저 노릇을 그만두면 비난에 직면할 것이다. 내가 상대의 기대치를 높여두었으니 상대만 탓할 수는 없다. 하지만 여기서 예전처럼 압박에 굴하면 안 된다. 단 5초만 의지를 발휘하면 그 뒤부터는 점점 쉬워질 것이다.

- 남들의 감정과 행복을 책임지려 들지 말자. 감정과 행복은 각자의 몫이다. (내게 미치는 피해를 감수해 가면서) 남의 감정적 수호자가 될 필요는 없다.

5장 선을 긋자: 타인과의 적정한 거리 두는 연습

- 단단하고 명확한 선은 나의 피플 플리저 성향과 나를 이용하려는 주변 사람에 대항하는 최고의 방어선이다. 그러나 선이 머릿속에서만 존재해서는 안 된다. 그리고 사람들이 선을 지킬 이유

를 잊을 만큼 유동적이어도 문제다. 선은 명확히 긋고 예외 없이 적용해야 한다.

- 먼저 내 핵심 가치와 표면 가치가 무엇인지 파악함으로써 내게 맞는 선을 정해야 한다. 그래야만 무엇을 지키고 무엇을 양보할지 알 수 있다. 선을 정했다면 남들에게 알리자.

- 선을 알린 뒤 상대가 내 선을 넘으면 제재를 받아 마땅하다. 어떤 제재든 가능하다. 아무것도 안 하지만 않으면 되는 것이다. 아무런 제재를 가하지 않으면 선이 흐려져서 선이 아예 없는 것과 마찬가지가 된다. 단, 지나치게 완고한 선을 긋지 않도록 주의하자.

- 선을 그으면 부정적인 반응에 직면하게 된다. 대처 방안을 마련해 두되, 그래도 쉽지 않다는 것을 알아두자. 사람들은 거절을 싫어하게 마련이지만, 문제는 내가 아니라 그쪽에 있다.

6장 거절의 기술: 쉬워 보이지 않는 사람의 비밀

- 거절하는 것은 일상에서 겪는 가장 어려운 상황 중 하나다. 거절할 때마다 소소한 갈등이 일어나기 때문이다. 그러나 거절은 삶의 일부이며, 부드럽게 거절하고 긴장을 완화하는 다양한 방법이 있다.

- "못 해"가 아니라 "안 돼"라고 말하자. 전자는 협상의 여지가 있는 반면, 후자는 내 입장을 단호하게 전할 수 있다. 일정 범주를 묶어서 거절하는 습관을 들이자. 내게 예외를 두지 않는 입장이 있다는 것을 보여줄 수 있다.

- 거절하는 방법은 다양하다. 당신도 이미 몇 가지는 알고 있을 것이다. 그중에서도 '아니'라는 완성된 문장은 가장 간단한 거절의 말이다. 피플 플리저로 살아온 역사가 있다면 사람들이 강하게 반발할지도 모른다는 것을 알아두자.

- 다른 거절 방법으로는 일이 많아서 상황이 여의치 않다며 선수를 쳐 거절의 씨를 뿌려두기, 다른 인간관계 때문에 독자적으로

행동하기 어렵다고 말하기, 모든 일을 한꺼번에 처리할 수 없다고 말하기, 거절에 단서를 달고 싶은 마음 참기, 상대가 넘어야 할 장애물 만들기, 부탁을 거절하는 대신 작은 호의를 베풀기, 상대가 아니라 상황에 집중하기, 적임자에게 부탁 넘기기 등이 있다.

거절하지 못하면
원하는 삶을
살 수 없다

초판 1쇄 발행 2025년 4월 20일

지은이 패트릭 킹
옮긴이 진정성
펴낸이 권미경
기획편집 김효단
마케팅 심지훈, 강소연, 김재이
디자인 this-cover
펴낸곳 (주)웨일북

출판등록 2015년 10월 12일 제2015-000316호
주소 서울시 마포구 토정로 47 서일빌딩 701호
전화 02-322-7187 **팩스** 02-337-8187
메일 sea@whalebook.co.kr **인스타그램** instagram.com/whalebooks

ISBN 979-11-94627-04-3 (03180)

소중한 원고를 보내주세요.
좋은 저자에게서 좋은 책이 나온다는 믿음으로, 항상 진심을 다해 구하겠습니다.